RATHMER`S ENNEAGRAMM-TYPENTEST

DETLEF RATHMER

AF198788

TYPEN-BESTIMMUNG
UNTERTYPEN-BESTIMMUNG
TRITYPEN-BESTIMMUNG

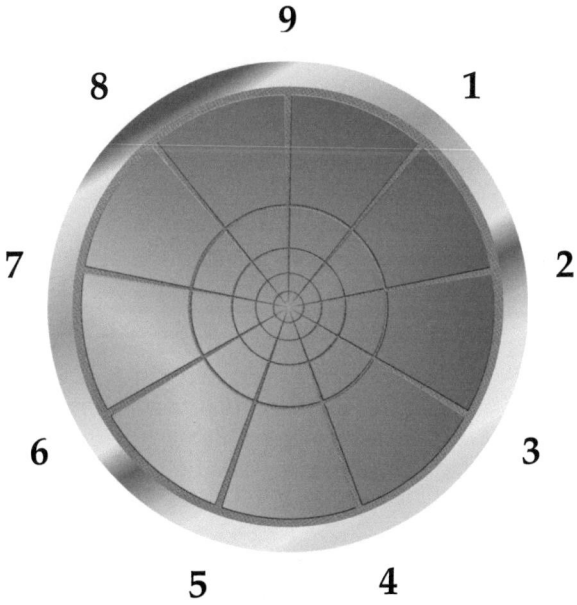

KOMPAKTER ENNEAGRAMM-TYPENTEST
ZUR BESTIMMUNG DES
EIGENEN ENNEAGRAMMTYPS
(ENNEATYPS, UNTERTYPS, TRITYPS)

1. AUFLAGE, DEZEMBER 2017

Bibliographische Information der Deutschen Nationalbibliothek

Die Deutsche Nationalbibliothek verzeichnet diese Publikation in der Deutschen Nationalbibliografie; detaillierte bibliographische Daten sind im Internet über **www.dnb.de** abrufbar.

Wichtiger Hinweis: Medizin als Wissenschaft ist ständig im Fluss. Forschung und Erfahrung erweitern unsere Kenntnisse, insbesondere was Behandlung und medikamentöse Therapie anbelangt. Soweit in diesem Werk eine Dosierung oder Applikation erwähnt wird, darf der Leser zwar darauf vertrauen, dass Autoren, Herausgeber und Verlag große Sorgfalt darauf verwandt haben, dass diese Angabe genau dem Wissensstand bei Fertigstellung des Werkes entspricht. Dennoch ist jeder Benutzer aufgefordert, die Beipackzettel der verwendeten Präparate zu prüfen, um in eigener Verantwortung festzustellen, ob die dort gegebene Empfehlung für Dosierungen oder die Beachtung von Kontraindikationen gegenüber der Angabe in diesem Buch abweicht. Dies gilt nicht nur bei selten verwendeten oder neu auf den Markt gebrachten Präparaten, sondern auch bei denjenigen, die vom Bundesgesundheitsamt (BGA) oder Paul-Ehrlich Institut (PEI) in ihrer Anwendbarkeit eingeschränkt worden sind. Geschützte Warennamen (Warenzeichen) werden nicht besonders kenntlich gemacht. Aus dem Fehlen eines solchen Hinweises kann also nicht geschlossen werden, dass es sich um einen freien Warennamen handelt.

QR-Code Verlagshaus Rathmer:

Herstellung und Verlag: BoD - Books on Demand, Norderstedt
Lektorat, Endkorrektorat, mediale Gesamtgestaltung: Detlef Rathmer
Kreative Unterstützung: David L. Rathmer
Technische Unterstützung: Jonah S. Rathmer

Detlef Rathmer
Molkereiweg 9
48727 Billerbeck
Tel.: 02543/931 85 07
Email: 9Rathmer@gmail.com

ISBN 978-3-7460-1611-5

Vorwort/Einführung

Das Enneagramm ist ein uraltes, universelles System der Selbsterkenntnis, um auf diesem Wege als Mensch inneres Wachstum, mehr Bewusstheit und ganzheitliche Heilung zu erfahren. Danach lässt sich jeder Mensch neun unterschiedlichen Persönlichkeitsmustern zuordnen, die jeweils eine ganz eigene Weltsicht, typische Verhaltensweisen und vor allem einen typischen inneren Antrieb *(sog. intrinsische Motivation)* aufweisen, der alle Lebensumstände tiefgreifend durchdringt und damit auch bestimmt. Durch die Bestimmung des eigenen Enneagrammtyps und die Beschäftigung mit diesem einen von neun möglichen Persönlichkeitsmustern werden die eigenen Lebenszusammenhänge bewusster und klarer, man erkennt mitunter schlagartig, warum man selbst in dieser Welt immer auf ähnliche Weise agiert und reagiert und wird sich zunehmend auch der Verhaltens- und Motivationsmuster anderer Menschen deutlich bewusster. Die Stärke der Enneagramm-Lehre liegt vor allem darin, dass sie dem Menschen ein wirksames Instrument der Selbsterkenntnis zur Verfügung stellt, damit dieser auf einer tieferen, unterhalb der Persönlichkeit liegenden Seinsebene seine ursprünglichen Kapazitäten und kreativen Ausdrucksmöglichkeiten erkennen kann. Schafft man es, mit Hilfe des Enneagramms hinter die Maske der eigenen Persönlichkeit zu schauen, erkennt man seine wirklichen Möglichkeiten und Chancen für ein erfülltes, zufriedenes und glückliches Leben. Der Enneagramm-Typentest basiert vornehmlich auf psychologischen Erkenntnissen im Rahmen der *sog. Enneagramm-Homöopathie*, einer speziellen Fachrichtung im Rahmen der psychologischen Homöopathie, bei der das homöopathische Heilmittel aufgrund des jeweiligen Enneagrammtyps bestimmt wird. Meine jahrzehntelangen praktischen Erfahrungen als Homöopath und die intensive jahrelange Beschäftigung mit dem Enneagramm führten schließlich zu diesem in der Praxis bewährten Enneagramm-Typentest, der vor allem die feinen Differenzierungen der *sog. instinktiven Untertypen und Tritypen* von Menschen mitberücksichtigt. Inhaltlich habe ich hier zur Bestimmung des eigenen Enneagrammtyps insgesamt sechs bewährte Vorgehensweisen dargestellt, mit deren Hilfe man sich nach und nach dem eigenen Enneatyp nähern kann. Die sieben Übersichten am Ende des Buches sollen behilflich sein, den Inhalt des Gesagten verständlicher zu machen. Nach der intensiven Beschäftigung mit dem Inhalt dieses Buches sollte man am Ende die „Spreu vom Weizen" getrennt haben und zunehmend besser imstande sein zu erkennen, welche Persönlichkeitsmerkmale bei einem selbst letztlich vorherrschen. Manchmal kann es dabei ratsam sein, vertraute Menschen bei der Beantwortung bestimmter Fragen hinzuzuziehen, um Klarheit in Bezug auf die eigenen Persönlichkeitsmerkmale zu erhalten. Auf diesem Wege der Selbsterkenntnis mithilfe des nachfolgenden Typentestes wünsche ich Ihnen nun vor allem Bewusstheit, Klarheit, Offenheit, Ehrlichkeit, Zeit, Geduld und Gelassenheit. Denken Sie auf diesem Wege daran, dass zum einen *„der Weg das Ziel"* ist und zum anderen das Ziel *Sie selbst* sind!

Ihr
Detlef Rathmer

Wichtige Begriffsbestimmungen/Abkürzungen/Hinweise

Enneagramm (von altgriechisch ἐννέα, ennea, „neun", und γράμμα, gramma, „das Geschriebene, das Zeichen, der Buchstabe") bezeichnet ein neunspitziges Symbol, das als grafisches Strukturmodell neun grundsätzliche Qualitäten bzw. Urprinzipien des Universums unterscheidet, ordnet und miteinander in Beziehung setzt.

Enneagramm-Fixierung bedeutet, dass jeder Enneagrammtyp von einem Ideal ausgeht, einem Fixpunkt, an dem sich seine Lebensgestaltung ausrichtet und auf den er fixiert ist. Es macht geradezu das Verhaltensmuster des beschriebenen Typs aus, trotz aller Widrigkeiten an seinem Ideal festzuhalten.

Flügel: Ein Typ weist meist auch Eigenschaften seiner beiden direkten Nachbarn auf, welche als Flügel (engl. „wings") bezeichnet werden (Typ 1 hat z.B. die benachbarten Flügel 9 und 2).

Kontratyp (Abk. „KT"): Die entsprechenden Eigenschaften *(vor allem die intrinsische Motivation der jeweiligen Leidenschaft)* drücken sich bei diesem Typ tendenziell **entgegengesetzt** aus, trotzdem ist und bleibt die Grundmotivation dieselbe genauso wie bei den anderen Typen, weil sie aber (unbewusst) negiert / versteckt wird, ist sie häufig nur sehr schwer erkennbar.

kp = kontraphobisch (= ein *gegen die Angst gerichtetes entgegengesetztes, angstabwehrendes Verhalten*, welches gekennzeichnet ist durch *Demonstration von Stärke, Schönheit, Mut und Verwegenheit*), siehe Typ S 6.

Normaltyp (Abk. „NT"): Die entsprechenden Eigenschaften *(vor allem die intrinsische Motivation der jeweiligen Leidenschaft)* drücken sich bei diesem Typ **in normaler Form** aus.

SE = **Selbsterhaltungsuntertyp** des jeweiligen Typs, also z.B. **SE 1** ist der *selbsterhaltende Einser.*
SO = **Sozialer Untertyp** des jeweiligen Typs, also z.B. **SO 1** ist der *soziale Einser.*
S = **Sexuell-aggressiver Untertyp** des jeweiligen Typs, also z.B. **S 1** ist der *sexuell-aggressive Einser.*

Stress- und Entspannungspunkte: In dem Enneagramm-Symbol hat jeder der 9 Enneagrammpunkte zwei Verbindungslinien. Diese sind Pfeile, deren einer auf eine *„schlechte"* Entwicklung des jeweiligen Typs hinweist (= Desintegration, Devolution, Stresspunkt) und deren anderer die *„gute"* positive Entwicklungslinie des Enneatyps darstellt (= Integration, Evolution, Entspannungspunkt).

Triaden: Nach der enneagrammatischen Persönlichkeitstypologie verfügt jeder Mensch über drei Intelligenzzentren: *Kopf* (Verstand/Ratio), *Herz* (Emotionen) und *Bauch* (Instinkt). Diese Zentren nennt man auch *Triaden*. Die Kopftriade (= Denk-Zentrum mit dem Kennzeichen „Angst") umfasst die Enneagramm-Muster **5, 6** und **7**, die *Herztriade* (= Gefühls-Zentrum mit dem Kennzeichen „Image") die Muster **2, 3** und **4**, die *Bauchtriade* (= Instinkt-Zentrum mit dem Kennzeichen „Aggression") die Enneagrammpunkte **8, 9** und **1**.

Trityp: Die **Tritypenlehre** besagt, dass jeder Mensch *neben seinem eigentlichen Enneagrammtyp noch zwei weitere dominante Enneagrammpunkte* **aus den jeweils anderen Zentren** *(Kopf/Herz/Bauch) des Enneagramms besitzt bzw. lebt.* So hat z.B. ein *Typ 1*, dessen Punkt ja aus dem *Bauchzentrum* stammt, *zwei weitere Schwerpunkte im Rahmen seiner individuellen Persönlichkeit* jeweils im *Gefühlszentrum* sowie im *Kopfzentrum*. Danach gibt es also genau wie in der Untertypenlehre **27 verschiedene Möglichkeiten/Variationen.** Jeder Mensch hat danach *einen dominanten Anteil in Bezug auf das Denken, das Fühlen und das Handeln*, manifestiert in den Zentren *Kopf, Herz* und *Bauch* des Enneagramms, obwohl ein Zentrum immer dominant ist und es eine sog. **Dominanzhierarchie** gibt *zwischen dem ersten (= eigentlichen Enneagrammtyp)* und **den beiden anderen nachrangigen** *(rezessiven)* **Zentren**.

Typentwicklung im Lauf des Lebens: Der jeweilige Enneatyp entwickelt sich in der *1. Lebenshälfte tendenziell mehr in Richtung seines entsprechenden Stresspunktes (erster Höhepunkt dieser Phase ist die Pubertät)* und nimmt dabei oft dessen typische Eigenschaften, auch in Form entsprechender allgemeiner Unbewusstheit dem Leben gegenüber, an. Etwa ab Beginn der 2. *Lebenshälfte (ca. ab dem 35 - 45 Lebensjahr)* entwickelt sich der Mensch dann *tendenziell mehr in Richtung seines entsprechenden Entspannungspunktes (der Mensch kommt in ein gesetzteres Alter und nimmt seine in der ersten Lebenshälfte aufgebaute persönliche Identität, sein fiktives Selbst im besten Falle nicht mehr so absolut wichtig!)* und nimmt *dessen typische Qualitäten an,* tendiert dann mehr in Richtung *Bewusstheit und Ganzheit.* Diese Tatsache ist bei der Typbestimmung entsprechend zu berücksichtigen indem man schaut, *in welcher Phase seines Lebens der zu typisierende Mensch sich gerade befindet.* Ansonsten kann es bei der Typbestimmung schnell zu Verwechslungen und damit zu falschen Resultaten kommen.

Ü = Übersichten - Die *seitlichen Markierungen in Form von schwarzen Balken* weisen auf die inhaltlich *korrespondierenden Übersichten* am Ende des Buches (Seiten 45 - 51) hin. Die *Zahlen in den schwarzen Balken* weisen auf *die jeweiligen Seitenzahlen hin, auf denen man die entsprechenden Übersichten* finden kann.

Ü
45
46
47
48
49
50
51

Untertypen (27): Innerhalb eines Enneagramm-Musters existieren jeweils drei *sog. Untertypen,* **1. der selbsterhaltende Untertyp (Abkürzung: SE),** der den Fokus seiner Aufmerksamkeit immer zunächst auf sich selbst und das eigene Überleben richtet, **2. der soziale Untertyp (Abkürzung: SO),** der seinen Aufmerksamkeits-Fokus primär auf die Gemeinschaft mit anderen Menschen richtet und **3. der sexuell-aggressive oder Beziehungstyp (Abkürzung: S),** der sich selbst immer fokussiert und definiert in Bezug auf einen Partner oder eine andere ihm vertraute Person im privaten Bereich. Jeder Mensch hat Anteile von allen drei Untertypen, aber zu unterschiedlichen prozentualen Anteilen. Meistens besitzen zwei dieser noch unterhalb des eigentlichen Enneatyps liegenden Instinktvarianten eine deutlich stärkere Dominanz im Gegensatz zum drittstärksten Instinkt, der oft erheblich weniger ausgeprägt ist. Sind die beiden ersten Untertypenausprägungen etwa gleich stark vorhanden, erschwert dies eine genaue Bestimmung des letztlich vorherrschenden primären Instinkts in der Praxis.

1. **Enneatyp 1** mit primär **selbsterhaltendem Instinkt** *(SE 1 = Normaltyp, der sog. Perfektionist)*
2. **Enneatyp 1** mit primär **sozialem Instinkt** *(SO 1 = Verstärkungstyp, der sog. Gesetzgeber)*
3. **Enneatyp 1** mit primär **sexuell-aggressivem Instinkt** *(S 1 = Kontratyp, der sog. Eroberer)*
4. **Enneatyp 2** mit primär **selbsterhaltendem Instinkt** *(SE 2 = Kontratyp, die sog. Matriarchin)*
5. **Enneatyp 2** mit primär **sozialem Instinkt** *(SO 2 = Verstärkungstyp, der sog. Diplomat)*
6. **Enneatyp 2** mit primär **sexuell-aggressivem Instinkt** *(S 2 = Normaltyp, der sog. Romantiker)*
7. **Enneatyp 3** mit primär **selbsterhaltendem Instinkt** *(SE 3 = Kontratyp, der sog. Pragmatiker)*
8. **Enneatyp 3** mit primär **sozialem Instinkt** *(SO 3 = Verstärkungstyp, der sog. Politiker)*
9. **Enneatyp 3** mit primär **sexuell-aggressivem Instinkt** *(S 3 = Normaltyp, der sog. Superstar)*
10. **Enneatyp 4** mit primär **selbsterhaltendem Instinkt** *(SE 4 = Kontratyp, der sog. Kunsthandwerker)*
11. **Enneatyp 4** mit primär **sozialem Instinkt** *(SO 4 = Verstärkungstyp, der sog. Kritiker)*
12. **Enneatyp 4** mit primär **sexuell-aggressivem Instinkt** *(S 4 = Normaltyp, der sog. Dramatiker)*
13. **Enneatyp 5** mit primär **selbsterhaltendem Instinkt** *(SE 5 = Verstärkungstyp, der sog. Sammler)*
14. **Enneatyp 5** mit primär **sozialem Instinkt** *(SO 5 = Normaltyp, der sog. Professor)*
15. **Enneatyp 5** mit primär **sexuell-aggressivem Instinkt** *(S 5 = Kontratyp, der sog. Zauberer)*
16. **Enneatyp 6** mit primär **selbsterhaltendem Instinkt** *(SE 6 = Verstärkungstyp, der sog. Familienmensch)*
17. **Enneatyp 6** mit primär **sozialem Instinkt** *(SO 6 = Normaltyp, der sog. Beschützer)*
18. **Enneatyp 6** mit primär **sexuell-aggressivem Instinkt** *(S 6 = Kontratyp, der sog. Mutige)*
19. **Enneatyp 7** mit primär **selbsterhaltendem Instinkt** *(SE 7 = Normaltyp, der sog. Genussmensch)*
20. **Enneatyp 7** mit primär **sozialem Instinkt** *(SO 7 = Kontratyp, der sog. Visionär)*
21. **Enneatyp 7** mit primär **sexuell-aggressivem Instinkt** *(S 7 = Verstärkungstyp, der sog. Gauner)*
22. **Enneatyp 8** mit primär **selbsterhaltendem Instinkt** *(SE 8 = Normaltyp, der sog. Gewichtheber)*
23. **Enneatyp 8** mit primär **sozialem Instinkt** *(SO 8 = Kontratyp, der sog. Führer)*
24. **Enneatyp 8** mit primär **sexuell-aggressivem Instinkt** *(S 8 = Verstärkungstyp, der sog. Ritter)*
25. **Enneatyp 9** mit primär **selbsterhaltendem Instinkt** *(SE 9 = Normaltyp, der sog. Bequeme)*
26. **Enneatyp 9** mit primär **sozialem Instinkt** *(SO 9 = Kontratyp, der sog. Mitarbeiter)*
27. **Enneatyp 9** mit primär **sexuell-aggressivem Instinkt** *(S 9 = Verstärkungstyp, der sog. Mystiker)*

Verstärkungstyp (Abk. „VT"): Die entsprechenden Eigenschaften *(vor allem die intrinsische Motivation der jeweiligen Leidenschaft)* drücken sich bei diesem Typ **verstärk**t aus.

Inhaltsverzeichnis

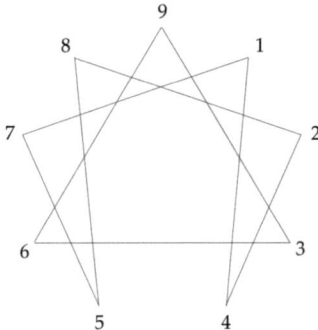

Rathmer`s Enneagramm-Typentest

1. Die eigene Typbestimmung

Die eigene Typbestimmung nach der universellen Weisheitslehre des Enneagramms bedeutet, dass man sich selbst auf den Weg der Selbsterkenntnis begibt. Diesen Weg muss jeder Mensch letztlich selbst und allein gehen und er dauert im weiteren Sinne ein ganzes Menschenleben, zur Feststellung des Enneagrammtyps manchmal Tage, Monate, Jahre. Auf diesem Wege zu sich selbst gilt es, aus der tiefen Unbewusstheit dem Leben gegenüber zu immer größerer Bewusstheit für das Wunder des Lebens zu erwachen. Selbsterkenntnis ist mit Sicherheit kein leichter Weg, aber er ist letztlich notwendig für ein erfülltes, reiches und glückliches Leben auf dieser Erde und wenn man einen wirklichen Sinn in dieser uns hier als Mensch gegebenen Lebensspanne jenseits der materiellen Ebene sucht, dann wird man ihn wohl am ehesten im Rahmen der Selbsterkenntnis finden. Das Enneagramm bietet hier wie kein anderes Erkenntnissystem ein hilfreiches Werkzeug, welches jedem Menschen in besonderer Weise tiefe Erkenntnisse über sich selbst und andere Menschen vermitteln kann. Eine wesentliche Hilfe auf dem Weg der Selbsterkenntnis im Rahmen des Enneagramms soll dieser facettenreiche Enneagramm-Typentest darstellen. Er soll dem nach Wahrheit suchenden Menschen als erste Orientierungsmöglichkeit dienen und ist die Essenz meiner jahrelangen Typenbestimmungen als Enneagramm-Homöopath. Denn als solcher ist man auf eine zuverlässige Diagnose des jeweiligen Enneagrammtyps insofern absolut angewiesen, als dass man dem Patienten ohne diese genaue Typbestimmung im Rahmen der Enneagramm-Homöopathie nicht das richtige Heilmittel verordnen können wird. So entwickelte ich im Laufe der Zeit zahlreiche unterschiedliche Strategien und Vorgehensweisen bei der enneagrammatischen Typbestimmung, die ich in diesem Buch gern weitergeben möchte, weil sie sich in der Praxis als zuverlässig bewährt haben.

2. Verschiedene Vorgehensweisen bei der Typbestimmung

In der Praxis haben sich bei der Typbestimmung unterschiedliche Vorgehensweisen bewährt, die alle ihre Berechtigung besitzen, weil sie die komplexe Wirklichkeit des zu bestimmenden Menschen auf unterschiedlichen Ebenen wahrnehmen und deuten. Dieser Enneagramm-Typentest basiert auf eben dieser Vielschichtigkeit und Komplexität des menschlichen Daseins in allen seinen möglichen Ausprägungen. Im Folgenden werde ich nun Schritt für Schritt diese unterschiedlichen Vorgehensweisen genauer erklären:

2.1 *Vorgehensweise Nr. 1:* Triadenzugehörigkeit - Untertypenzugehörigkeit - Leidenschaft

Die Zugehörigkeit zu einer der drei *Triaden (Kopftriade = Typen 5, 6, 7, Herztriade = Typen 2, 3, 4 oder Bauchtriade = Typen 1, 8, 9)* des Enneagramms sowie zu einem der drei *instinktiven Untertypen (selbsterhaltend, sozial oder sexuell-aggressiv)* ist im Prinzip noch grundlegender als die Eigenschaften des jeweiligen Enneagrammtyps, die sich genau betrachtet ja erst aus der Kombination von **Triadenzugehörigkeit**, **Untertypenzugehörigkeit** und *jeweiliger primär vorherrschender Leidenschaft der Enneatypen (1. Zorn, 2. Stolz, 3. Eitelkeit, 4. Neid, 5. Geiz, 6. Angst, 7.*

Maßlosigkeit/Völlerei, 8. Wollust, 9. Trägheit) ergeben. Daher empfiehlt es sich bei der Bestimmung des Enneagrammtyps, zunächst in einem *ersten Schritt* festzustellen, ob primär die Eigenschaften eines *Kopftyps*, ein *Herztyps* oder ein *Bauchtyps* vorliegen, in einem *zweiten Schritt* den *instinktiven Antrieb im Rahmen des jeweiligen Untertyps* zu erkennen, um dann in einem *dritten Schritt* die dabei *gewonnenen Erkenntnisse mit der primär vorliegenden und für jedes Enneagramm-Muster typischen Leidenschaft in Einklang zu bringen*.

2.1.1 Schritt Nr. 1: Bestimmung der Triadenzugehörigkeit

Nach der *enneagrammatischen Persönlichkeitstypologie* verfügt jeder Mensch über **drei Intelligenzzentren: Kopf** (*Verstand/Ratio*), **Herz** (*Emotionen*) und **Bauch** (*Instinkt*). Diese Zentren nennt man auch *Triaden*. Die **Kopftriade** (*Denk-Zentrum mit dem Kennzeichen „Angst"*) umfasst die Enneagramm-Muster **5, 6** und **7**, die **Herztriade** (*Gefühls-Zentrum mit dem Kennzeichen „Image"*) die Muster **2, 3** und **4**, die **Bauchtriade** (*Instinkt-Zentrum mit dem Kennzeichen „Aggression"*) die Enneagrammpunkte **8, 9** und **1**. Es stellt sich hier also die Frage, welche Art von Mensch (*Kopfmensch, Herzmensch oder Bauchmensch*) man primär ist, d.h. welche der drei beschriebenen Ausprägungen man in dominanter (vorherrschender) Art und Weise im Alltag ausdrückt bzw. lebt? Diese Fragen sind vielleicht im Einzelfall schwer zu beantworten, dennoch müssen sie im Rahmen einer zuverlässigen Typbestimmung gestellt und letztlich auch zufriedenstellend beantwortet werden. Was kennzeichnet also nun **Kopf-, Herz- und Bauchmensch?**

2.1.1.1 Der Kopfmensch

Ein **Kopfmensch** entscheidet zu *ca. 80 % nach seinem Verstand*, zu *ca. 10 % mit seinem Herzen aus dem Gefühl* und zu weiteren *ca. 10 % aus seinem Bauch* heraus. Ist der **Kopfmensch** tendenziell eher *nach außen gerichtet* auf seine Mitmenschen in Hinblick auf seine Gedanken (*Leidenschaft der Völlerei, Unersättlichkeit, eine Energie, die tendenziell extrovertiert ist*), handelt es sich um **Typ 7**, ist er eher *nach innen gerichtet* auf seine innere Gedankenwelt (*Leidenschaft des Geizes, der Habsucht, eine Energie, die tendenziell nach innen gerichtet ist*), dann ist er **Typ 5**, ist er eher *neutral ausgerichtet* in Bezug auf seine Gedanken (*Leidenschaft der Angst, des Zweifels, eine Energie, die tendenziell neutral ist*), dann haben wir es mit **Typ 6** zu tun.

2.1.1.2 Der Herzmensch

Ein **Herzmensch** trifft seine Entscheidungen zu *ca. 80 % nach seinen Gefühlen*, zu *ca. 10 % nach seinem Verstand* und zu weiteren *ca. 10 % aus seinem Bauch* heraus. Ist der **Herzmensch** tendenziell eher *nach außen gerichtet* auf seine Mitmenschen in Hinblick auf seine Emotionen (*Leidenschaft des Stolzes, Hochmuts, eine Energie, die tendenziell nach außen gerichtet ist*), handelt es sich um **Typ 2**, ist er eher *nach innen gerichtet* auf seine innere Gefühlswelt (*Leidenschaft des Neids, der Missgunst, eine Energie, die tendenziell nach innen gerichtet ist*), dann ist er **Typ 4**, ist er eher *neutral ausgerichtet* in Bezug auf seine Emotionen (*Leidenschaft der Eitelkeit, Täuschung, eine Energie, die tendenziell neutral ist*), dann haben wir es mit **Typ 3** zu tun.

2.1.1.3 Der Bauchmensch

Ein *Bauchmensch* entscheidet interessanterweise nur *ca. 40 % aus seinem Bauch heraus, ca. 30 % nach seinem Verstand und zu weiteren 30 % aus seinem Gefühl* heraus. Dadurch erklärt sich auch, warum ein Bauchmensch relativ lange für seine Entscheidungen benötigt. Er ist zwischen den einzelnen Varianten und den daraus resultierenden Ergebnissen oft hin- und hergerissen. *Spontaneität* ist dem Bauchmenschen eher fremd, obwohl er natürlich auch in Ausnahmefällen einmal recht schnell oder impulsiv agieren kann. Ist der Bauchmensch tendenziell eher *nach außen gerichtet in Hinblick auf seine Impulse* (*Leidenschaft der Wollust, Begierde, eine Energie, die tendenziell nach außen gerichtet ist*), handelt es sich um **Typ 8**, ist er eher *nach innen gerichtet auf seine inneren Impulse* (*Leidenschaft des Zorns, Grolls, eine Energie, die tendenziell nach innen gerichtet ist*), dann ist er **Typ 1**, ist er eher *neutral ausgerichtet in Bezug auf seine Impulse* (*Leidenschaft der Trägheit, Bequemlichkeit, die tendenziell neutral ist*), dann haben wir es mit **Typ 9** zu tun.

2.1.2 Schritt Nr. 2: Bestimmung der Untertypenzugehörigkeit

Ü

45
48
49
50

Innerhalb jedes der 9 Enneagramm-Muster existieren jeweils *drei sog. Untertypen, 1. der selbsterhaltende Untertyp* (Abkürzung: SE), der den *Fokus seiner Aufmerksamkeit* immer zunächst *auf sich selbst und das eigene Überleben richtet, 2. der soziale Untertyp* (Abkürzung: SO), der seinen *Aufmerksamkeits-Fokus primär auf die Gemeinschaft mit anderen Menschen richtet* und *3. der sexuell-aggressive oder Beziehungstyp* (Abkürzung: S), *der sich selbst immer fokussiert und definiert in Bezug auf einen Partner oder eine andere ihm vertraute Person im privaten Bereich.* Jeder Mensch hat *Anteile von allen drei Untertypen*, aber *zu unterschiedlichen prozentualen Anteilen*. In aller Regel stehen dabei *zwei von drei Untertypen-Ausprägungen im Vordergrund (es kann zwischen diesen beiden manchmal schwer sein zu entscheiden, welcher Untertyp letztlich die vorherrschende Ausprägung hat und somit den tatsächlichen Schwerpunkt-Untertypen bildet),* während die *dritte verbleibende Ausprägung* des jeweiligen Untertyps immer eine *rezessive, untergeordnete, weniger ausgeprägte Rolle* einnimmt. Genauso wie wir im *9er-System des Enneagramms* die Energiezentren *Kopfzentrum (Typen 5, 6, 7), Herzzentrum (Typen 2, 3, 4)* und *Bauchzentrum (Typen 8, 9, 1)* vorfinden, gibt es auch innerhalb eines Enneagrammtyps jeweils *drei energetisch sehr unterschiedliche Facetten von Energien*, bei denen man genau diese *energetischen Unterschiede des Vorherrschens eines dieser drei energetischen Zentren* auch *innerhalb eines Enneatyps* erkennen kann: Beim *selbsterhaltenden Untertyp* herrscht eine *physikalische, körperorientierte, ein wenig menchanische Energie* vor, beim *sozialen Untertyp* vornehmlich eine *intellektuelle, an mentalen Vorgängen orientierte Energie* und beim *sexuell (-aggressiven) Untertyp* primär eine *emotionale, anregende, unmittelbare und mitunter auch deutlich aggressive Form der energetischen Qualität.* Ähnlich also dem *Netz der Indra,* welches der indischen Mythologie entstammt und nachdem das *Leben als riesiges Netzwerk* beschrieben wird, *dass das ganze Universum umfasst, in dem alles mit allem verbunden ist und wo jeder Kristall in diesem Netzwerk auf seiner Oberfläche jeden anderen Kristall widerspiegelt,* finden wir diese Entsprechungen auch innerhalb des Enneagramms *auf allen Ebenen des menschlichen Daseins.* Vergegenwärtigt man sich das *enge Zusammenspiel zwischen den 9 noch zu erörternden Leidenschaften der Enneagrammtypen* sowie *den drei möglichen Grundinstinkten*, wird allein dadurch schon *sehr viel Grundlegendes deutlich in Bezug auf das spezifische Verhalten eines Untertyps. Im Folgenden noch einmal eine ausführlichere Beschreibung der drei zu bestimmenden möglichen Untertypen (= Instinktvarianten):*

2.1.2.1 Selbsterhaltender Untertyp/Instinkt

Ü
45
48
49
50

Es handelt sich hier um Menschen, die vor allem *primär* damit beschäftigt sind, ihre *Grundbedürfnisse sicherzustellen*, sogar in unserer Wohlstandsgesellschaft neigen sie dazu. Sie beschäftigen sich sehr mit Themen wie *Geld, Essen, Wohnen, Gesundheit, körperliche Sicherheit und Komfort. Sicher sein* und eine gewisse *körperliche Bequemlichkeit* sind ihre *bevorzugten Aufmerksamkeitsschwerpunkte*. Schnell erkennt dieser Untertyp anstehende Probleme, z.B. wenn im Zimmer das Licht zu dunkel ist oder die Stühle nicht bequem genug sind oder aber sie bemerken sofort, wenn die Raumtemperatur nicht angemessen ist. Vieles dreht sich beim **selbsterhaltenden Untertyp** um *Nahrung und Getränke*, entweder übertreiben sie es damit oder aber genau das Gegenteil, sie haben strenge Diätvorstellungen. Im *gesunden (sehr bewussten)* oder auch im *normalen Bewusstseinszustand*, also wenn sie nicht chronisch oder akut erkrankt sein sollten, sind diese Menschen *am meisten praktisch veranlagt* von allen drei Untertypen, z.B. in der Form, dass sie den *grundlegenden Notwendigkeiten des Lebens wie* Rechnungen bezahlen, sich um Wohnraum und Arbeitsplatz kümmern, nützliche Aufgaben erledigen etc. gut gerecht werden. Geht dieser **selbsterhaltende Untertyp** aber *in Richtung Unbewusstheit bzw. Krankheit*, dann neigt er dazu, nicht mehr ausreichend für sich selbst sorgen zu können. Ungesunde **selbsterhaltende Untertypen** essen und trinken dann mitunter zu wenig oder aber zu viel, schlafen zu wenig, vernachlässigen also auf *irgendeinem Gebiet der Grundbedürfnisse* genau diese und in Fragen der eigenen Gesundheit reagieren sie dann häufig zwanghaft. Schließlich bekommen sie dann Schwierigkeiten, mit ihrem Geld angemessen umzugehen und agieren unfreiwillig auf höchst destruktive Art und Weise. Tendenziell denkt der **selbsterhaltende Untertyp** schon ohnehin *immer zuerst an sich selbst*, vor allem in Phasen tiefer Unbewusstheit wird er aber bisweilen zu einem *enorm egoistischen Menschen*, der *nur noch seine eigenen Interessen verfolgt* und die *Interessen anderer dabei völlig ausblenden kann*. Der **selbsterhaltende Untertyp** stellt sich die Frage: *Was brauche ich um zu überleben?* Wenn der *Selbsterhaltungsinstinkt* eines Menschen *am stärksten ausgeprägt* ist, bemüht sich dieser Mensch *primär* durch die *intensive Beschäftigung mit dem Überleben* und *mit materieller Sicherheit, Glück und Erfolg zu finden*.

2.1.2.2 Sozialer Untertyp/Instinkt

Ü
45
48
49
50

Dieser *Grundtrieb* des Menschen ist *stark fokussiert auf das Zusammenspiel mit anderen Menschen*, häufig hat er das Thema *„Selbstwertgefühl"* und dieses bezieht er durch seine *Teilnahme an kollektiven Tätigkeiten*, z.B. im Bereich Arbeit, Familie, Hobby, gesellschaftliche Veranstaltungen etc. Es geht hier aber nicht zwingend nur um gesellschaftliche Treffen oder ähnliches, sondern eher allgemein darum, *zu einem bestimmten gemeinsamen Zweck mit anderen Menschen in Kontakt zu treten und sich nach Möglichkeit mit ihnen auszutauschen*. Im Kampf um das menschliche Überleben im Rahmen der Evolution war dieser *soziale Instinkt*, der diesem sozialen Verhalten zugrunde liegt, sehr wichtig. Menschen sind auf sich allein gestellt ziemlich schwache, verletzliche Geschöpfe und wurden schnell Opfer der feindlichen Umwelt. Indem sie lernten, zusammen zu leben und zu arbeiten, haben unsere Vorfahren nicht nur die Voraussetzung dafür geschaffen, das nackte Überleben sicherzustellen, sondern auch gemeinsam etwas Größeres aufzubauen, Erfolg zu haben, den Lebensstandard über die Grundbedürfnisse hinaus deutlich zu verbessern, indem sie *soziale, hierarchische Strukturen* aufbauten. Daher kann man *das Verlangen nach Aufmerksamkeit, Bestätigung, Verehrung, Erfolg, Ruhm, Würdigung, Respekt, Führung und auch das Besitzstreben als Manifestationen des sozialen Instinkts* ansehen. **Soziale Untertypen** interessieren sich für alles, was um sie herum ab-

läuft und *wollen einen gewichtigen Beitrag leisten für die Entwicklung der Menschheit, bewusst oder auch unbewusst.* Ihnen ist *das Gemeinwohl wichtiger als Einzelinteressen,* so wie tendenziell eher dem *selbsterhaltenden Untertyp.* Aber obwohl dieser **soziale Untertyp** sich sehr für andere Menschen interessiert, *vermeidet er nach Möglichkeit intime Nähe zu anderen Menschen,* vor allem wenn er sich in einem Ungleichgewicht befindet. Dann *zieht er sich eigentümlicherweise eher von seinen Mitmenschen zurück, kann mitunter sogar antisoziale Tendenzen zeigen, verabscheut am Ende gar seine Mitmenschen und nimmt alles sehr schnell übel, was andere ihm mitteilen.* Sie können sich vor allem dann besonders daneben benehmen, wenn sie *in Richtung Krankheit und Unbewusstheit* gehen. Der **soziale Untertyp** stellt sich die Frage: *Welchen Wert habe ich in der Gesellschaft?* Herrscht der *soziale Instinkt* vor, ist der Mensch darauf ausgerichtet, *ein Zugehörigkeitsgefühl, einen Platz und einen Status in der Gemeinschaft* zu erlangen.

2.1.2.3 Sexueller Untertyp/Instinkt

Viele, die sich mit dem Enneagramm beschäftigen, identifizieren sich vorschnell mit diesem Instinkt oder Grundtrieb, wahrscheinlich wegen der Idee, dass sich dahinter sexuell besonders attraktive Menschen verbergen. Natürlich liegt die Attraktivität eines Menschen im Auge des Betrachters und es gibt zahlreiche Menschen, die wir als *„sexy"* bezeichnen würden in allen drei Untertypen-Kategorien. Allerdings sind *Angehörige dieses **sexuellen Untertyps** in der Tat oft sehr attraktiv und wirken auf ihre Mitmenschen sehr anziehend.* Vielleicht denkt man aber auch, dass dieser Untertyp eher *glanzvoll, zauberhaft oder schillernd* daherkommt, wer möchte sich nicht damit identifizieren? Im gesunden Zustand neigt der **sexuell (-aggressive) Untertyp** sehr stark dazu, *intensive Erfahrungen in seinem Leben zu machen, nicht nur sexueller Art, sondern allgemein.* Diese *Intensität* kann z.B. dadurch erreicht werden, dass man sehr intensiv mit einem anderen Menschen ins Gespräch kommt in einer langen Unterhaltung oder aber gern interessante Filme schaut, die einen intensiv berühren. Oft ist der **sexuelle Untertyp** auch sehr empfänglich für Musik. Dieser *sexuelle Untertyp* wird immer gern abgegrenzt vom *sozialen Untertyp,* indem man meint, dass letzterer sich eher in größeren Gruppen wohl fühlt und darin aufgeht, während der **sexuelle Untertyp** im Gegensatz dazu angeblich eher in Zweier-Gesprächen auf seine Kosten käme. Doch es geht dabei weniger um die Anzahl der Gesprächsteilnehmer, sondern eher und vielmehr um die *Intensität der Unterhaltung, des Kontaktes,* denn alle Menschen mögen mehr oder weniger, wenn sie mit einem Gegenüber ins Gespräch kommen. Der **sexuelle Untertyp** hat dabei aber immer den *besonderen Wunsch nach Intimität,* mehr als alle anderen Untertypen. Sie sind sozusagen *„Vertrautheits-Junkies"* und versuchen im menschlichen Miteinander immer wieder, *die Tiefen des Gegenübers vollständig auszuloten.* Dabei vergessen sie manchmal ihre eigenen Prioritäten, *geben sich dem anderen mehr hin als die anderen Untertypen,* wobei der *soziale Untertyp* sich immer noch eine gewisse vage Grenze bewahrt, der *selbsterhaltende Untertyp* diese deutlich ausbaut, der **sexuelle Untertyp** diese Grenze aber oft nicht oder nur unzureichend kennt und bewahrt, was mitunter auf seine Mitmenschen aufdringlich wirken mag. In seiner *unbewussten, zur Krankheit tendierenden, stark neurotisch geprägten Form* verliert der **sexuelle Untertyp** dann *gänzlich seine eigene Fokussierung,* wird mitunter *sexuell promiskuitiv* oder hat zumindest *ein immer deutlicheres Verlangen, seine Sexualität hemmungslos auszuagieren,* auch auf Kosten und zum Nachteil seiner Mitmenschen. Oder aber er reagiert genau gegenteilig und *entwickelt starke Ängste und Dysfunktionen gegenüber Sexualität, Intimität und allgemeiner Vertrautheit anderen Menschen gegenüber.* In beiden Fällen bleibt dieser **sexuelle Untertyp** auf seine Weise aber stets *intensiv,* ob er nun *exzessiv handelt oder vermeidend.* Hinter diesem *starken Bedürfnis dieses Untertyps nach Nähe*

und Intimität gegenüber anderen und auch seiner *Umwelt* steht das *starke Bedürfnis nach Lebendigkeit, die dieser Typ besonders in seinen Lebensumständen sucht.* Der *sexuelle Untertyp* stellt sich die Frage: *Was bereitet mir Vergnügen, Lust?* Wenn der *sexuelle Instinkt* bei einem Menschen primär vorhanden ist, *scheint eine intime Beziehung besondere Befriedigung zu versprechen. Im Englischen wird er daher auch treffend als „One-to-one-Typ" bezeichnet.*

2.1.3 Schritt Nr. 3: Bestimmung der primär vorherrschenden Leidenschaft

Ü

45
46
47
50

Im Folgenden werden nun die primär vorherrschenden Leidenschaften der einzelnen Enneatypen genauer beschrieben, wobei die Schwierigkeit darin besteht, den *sog. „blinden Fleck"* für die eigene Leidenschaft deutlich erkennen zu können. Oft wird diese typische Leidenschaft eines Menschen eher von den Mitmenschen um ihn herum erkannt und spiegelt sich so einseitig gelebt in zwischenmenschlichen Konflikten wider, da jeder Mensch eben mehr oder weniger blind ist für die eigenen seelischen Anteile. In Bezug auf die Leidenschaften ist also viel Bewusstseinsarbeit notwendig, *um die eigene Leidenschaft als wesentlichen inneren Antrieb im Leben (sog. intrinsische Motivation)* zu erkennen. Besonders schwierig ist diese Bewusstseins- und Erkenntnisarbeit bei den *sog. Kontratypen,* die ihre jeweilige primär vorherrschende Leidenschaft regelmäßig unbewusst negieren oder vermeiden und sie somit für andere und sich selbst nicht so deutlich nach außen leben bzw. wahrnehmen. Zum besseren Verständnis werden nachfolgend die *neun grundlegenden vorherrschenden Leidenschaften* der *neun in Frage kommenden Enneatypen* nach der Enneagramm-Lehre näher skizziert:

2.1.3.1 Leidenschaft von Typ 1: Der Zorn

Ü

45
46
47
50

Zorn *(= starkes und heftiges Gefühl, das negativ gegen etwas oder jeden gerichtet ist, Ärger, Wut, Groll, Selbstgerechtigkeit)* **Zorn** *(= ein starkes und heftiges Gefühl, das negativ gegen etwas oder jemanden gerichtet ist, Ärger, Rage, Verärgerung, Wut, heftiger, leidenschaftlicher Unwille, heftig aufwallender Ärger; in Form der Wut ist der Zorn verbunden mit einer Kränkung und dem Verlangen nach Vergeltung.) (Anmerkung: Der Zorn (lat. ira) ist ein elementarer Zustand starker emotionaler Erregung mit unterschiedlich aggressiver Tendenz, der zum Teil mit vegetativen Begleiterscheinungen verknüpft ist. Sein Gegenstück ist die Milde, Sanftmut. Einerseits tritt er als heftiger Ärger, wutartiger Affekt, als Jähzorn oder als Zornesausbruch auf, der zu unkontrollierten Handlungen oder Worten führen kann. Der Zorn erscheint dann als Beherrscher des Menschen, der seinerseits seine Gefühlsregungen nicht mehr kontrolliert. Andererseits tritt Zorn als anhaltendes, gerecht erscheinendes „Zürnen" auf (auch als Groll, veraltet Grimm oder stärker Ingrimm bezeichnet). Zorn ist eher gegen eine bestimmte Person oder Gruppe gerichtet, während die Wut genauso nach allen Seiten explodieren kann. Der Wut geht im Gegensatz zum Zorn eine Kränkung voraus (etwa eine zutiefst ungerechte Behandlung), die den auf Vergeltung oder Genugtuung gerichteten Erregtheitszustand psychologisch speist. Beim Zorn hingegen speist sich die Erregtheit eher zum Beispiel aus der Versagung eines Anspruchs oder Bedürfnisses (etwa das zornige Kind, das eine Süßigkeit nicht bekommen hat, oder der zornige Vater, dem der Respekt verwehrt wurde). Das Ziel ist hier weniger die Vergeltung, sondern der deutliche Ausdruck von Unmut und Unzufriedenheit, mit dem Ziel, das Gegenüber unmissverständlich zu warnen. Zorn ist der unterschwellige Ärger über die eigene Unvollkommenheit sowie die Unvollkommenheit anderer.) Ist mein lebendiges*

Menschsein primär geprägt von Zorn oder der (vordergründigen) Vermeidung von Zorn (beim Kontratyp der Eins, der sexuellen Eins)?

2.1.3.2 Leidenschaft von Typ 2: Der Stolz

Stolz (= *unangemessene Selbstzufriedenheit, aufgeblasenes Selbstwertgefühl, Hochmut, Selbstgefälligkeit*) **Stolz** (= *übergroße Selbstzufriedenheit, Gegenstand oder Person des gehobenen Selbstwertgefühls, Hochmut, der Stolz ist die Freude, die der Gewissheit entspringt, etwas Besonderes, Anerkennenswertes oder Zukunftsträchtiges geleistet zu haben, eine angeborene, elementare Emotion, die durch eindeutige, universelle in allen menschlichen Kulturen gleichartige Gesten und Gebärden ausgedrückt wird, z.B. durch aufrechte Körperhaltung mit stolzgeschwellter Brust, zurückgelegtem Kopf, Armen vom Körper gestreckt, stellt eine bestimmte Art von persönlicher Eitelkeit dar, die auf der eigenen Zufriedenheit mit sich selbst und seinen Leistungen im Sinne eines „persönlichen Statussymbols" beruht, Stolz besteht in der uneingestandenen Abhängigkeit von der Gunst anderer.) Ist mein lebendiges Menschsein vielleicht primär geprägt von Stolz oder der (vordergründigen) Vermeidung von Stolz (beim Kontratyp der Zwei, der selbsterhaltenden Zwei)?*

2.1.3.3 Leidenschaft von Typ 3: Die Eitelkeit

Eitelkeit (= *übertriebene Sorge um den äußeren Schein und die eigene Vollkommenheit, Täuschung, Unwahrheit*) **Eitelkeit** (= *übertriebene Sorge um die eigene körperliche Schönheit oder die geistige Vollkommenheit, den eigenen Körper, das Aussehen und die Attraktivität oder die Wohlgeformtheit des eigenen Charakters, das Eitelsein,* gehoben veraltet: *Nichtigkeit, Vergeblichkeit, Vergänglichkeit, Leerheit; Gefallsucht, Affigkeit, Dandytum, Geckenhaftigkeit, Koketterie, Selbstgefälligkeit,* abwertend: *Inhaltslosigkeit, Hohlheit, Substanzlosigkeit, Wertlosigkeit, Zwecklosigkeit, Eitelkeit und Lüge bestehen in der Selbststilisierung nach dem Ideal von Einfluss und Effizienz und entspringen einem maßlosen Verlangen nach Bewunderung.) Ist mein lebendiges Menschsein vielleicht primär geprägt von Eitelkeit oder der (vordergründigen) Vermeidung von Eitelkeit (beim Kontratyp der Drei, der selbsterhaltenden Drei)?*

2.1.3.4 Leidenschaft von Typ 4: Der Neid

Neid (= *negativer Gefühlszustand in Bezug auf den Besitz und das Glück anderer, Missgunst, Niedergeschlagenheit*) **Neid** (= *der intensive negative Gefühlszustand von Menschen, wenn sie den Besitz, Erfolg, den körperlichen Vorzug oder das Glück eines anderen beobachten können, das sie nicht haben, aber ihm missgönnen, „Das Gras auf der anderen Seite des Zauns ist immer grüner!", soziale Missgunst, Gegenteil: Gönnen,* veraltet: *Gesinnung, dem Feind im Kampf zu schaden, feindselige Gesinnung, Neid bezeichnet den Wunsch der neidenden Person, selbst über mindestens als gleichwertig empfundene Güter (materieller oder nichtmaterieller Art) wie die beneidete Person zu verfügen, Neid ist die melancholische Eifersucht auf das scheinbare Glück anderer und wurzelt in der Sehnsucht nach der vollendeten Beziehung oder Situation.) Ist mein lebendiges Menschsein vielleicht primär geprägt von Neid oder der vordergründigen) Vermeidung von Neid (beim Kontratyp der Vier, der selbsterhaltenden Vier)?*

2.1.3.5 Leidenschaft von Typ 5: Der Geiz

Geiz (= *heftiger Unwille, etwas abzugeben, Habgier, Habsucht*) **Geiz** (= heftiger Unwille etwas abzugeben, abstoßende, übertriebene Sparsamkeit, Knauserigkeit, der Ausdruck Geiz (von *mittelhochdeutsch gīt[e]: ,Gier', ,Habgier'*) bezeichnet eine *zwanghafte oder übertriebene Sparsamkeit*, damit verbunden auch den *Unwillen, Güter zu teilen*. Geizhals oder Geizkragen ist eine tadelnde Bezeichnung für eine Person, die unabhängig von ihrer wirtschaftlichen Lage das Hergeben von Gütern und Geld möglichst vermeidet, auch auf Kosten des eigenen Lebensstandards. *Geiz ist der Rückzug in den Blickwinkel des wissenden Beobachters, der es versäumt, sich selbst in das Leben zu investieren.*) Ist mein lebendiges Menschsein vielleicht primär geprägt von Geiz oder der (vordergründigen) Vermeidung von Geiz (beim Kontratyp der Fünf, der sexuellen Fünf)?

2.1.3.6 Leidenschaft von Typ 6: Die Angst

Angst (= *Gefühl der existenziellen Furcht oder Sorge, etwa bei einer Bedrohung, Furcht, Zweifel*) **Angst** (= menschliches Grundgefühl, welches sich in als bedrohlich empfundenen Situationen als Besorgnis und unlustbetonte Erregung äußert. Auslöser können dabei erwartete Bedrohungen etwa der körperlichen Unversehrtheit, der Selbstachtung oder des Selbstbildes sein. Begrifflich wird dabei die *objektunbestimmte Angst* von der *objektbezogenen Furcht* unterschieden. Weiterhin lässt sich die *aktuelle Emotion Angst* unterscheiden von der *Persönlichkeitseigenschaft Ängstlichkeit*, also häufiger und intensiver Angst zu fühlen als andere Menschen. Angst kann sowohl *bewusst* als auch *unbewusst* wirken. Entstehen durch Angst andauernde Kontrollverluste oder Lähmungen, wird von einer *Angststörung* gesprochen.) (Anmerkung: Angst kann im Gegensatz zur Furcht nicht näher bestimmt werden, ein ungewisses, nicht bestimmbares Gefühl, das ängstliche Empfinden liegt immer in der Gegenwart, Angst hat man „bei etwas", Furcht hat man „vor etwas" in der Zukunft, jemand kann den Gegenstand seiner Angst nicht identifizieren. *Angst oder Feigheit, wenn sie zur Grundhaltung wird, ist nichts anderes als eine Verweigerung gegenüber dem Leben.*) Ist mein lebendiges Menschsein vielleicht primär geprägt von Angst oder der (vordergründigen) Vermeidung von Angst (beim Kontratyp der Sechs, der sexuellen Sechs)?

2.1.3.7 Leidenschaft von Typ 7: Die Maßlosigkeit, Völlerei

Maßlosigkeit, Völlerei (= *Eigenschaft, kein Maß halten zu können, maßlos, unmäßig und unersättlich zu sein, Unstetigkeit*) **Maßlosigkeit, Völlerei** (= im engeren Sinne versteht man darunter *Gefräßigkeit, Verfressenheit, Fresssucht, Schwelgerei, Maßlosigkeit, Unersättlichkeit, Unmäßigkeit, das Laster des maßlosen, unmäßigen, übermäßigen Essens und Trinkens, die Unersättlichkeit, mehr haben zu wollen, als man verdauen oder vertragen kann; im weiteren Sinne versteht man unter Völlerei die Charaktereigenschaft (das Laster eines Menschen) die ihn zu einem ausschweifenden, maßlosen und unersättlichen Leben führt und ihn somit undankbar gegenüber dem Schöpfer und der Gaben des Lebens werden lässt, gemeinhin bekannt als die sechste der sieben Todsünden! Völlerei ist die planvolle Organisation des*

Lebens mit dem Ziel, einmal erlebtes Vergnügen sinnlicher, emotionaler oder geistiger Natur zu wiederholen und zu steigern.) Ist mein lebendiges Menschsein vielleicht primär geprägt von Maßlosigkeit, Völlerei oder der (vordergründigen) Vermeidung von Maßlosigkeit, Völlerei (beim Kontratyp der Sieben, der sozialen Sieben)?

2.1.3.8 Leidenschaft von Typ 8: Die Wollust

Ü
45
46
47
50

Wollust (= zügelloses, leidenschaftliches, unkontrolliertes Verlangen, Begierde, Unzucht, Lust, Exzess) **Wollust** (= Gefühl der Lust und der sexuellen Begierde, das besonders bei sexueller Erregung und Befriedigung sexueller Wünsche besteht, Wonne, Vergnügen, veraltet: Freude, Ergötzung, Fröhlichkeit, Ausschweifungen, Laster; Lebensweise, die durch Lasterhaftigkeit, Unsittlichkeit und das Sündigen gekennzeichnet ist, Reiz, Süße; ursprünglich hat dieses Wort also nicht diese anrüchige, pejorative Bedeutung im Sinne von „Laster" und „Ausschweifung", sondern war eher eine Bezeichnung für „Lustgefühl" und „etwas, das Freude bereitet", Wollust äußert sich in einer geradezu lustvoll-schamvollen Aggression und ist Reaktion auf ein verletztes Gerechtigkeitsempfinden.) Ist mein lebendiges Menschsein vielleicht primär geprägt von Wollust oder der (vordergründigen) Vermeidung von Wollust (beim Kontratyp der Acht, der sozialen Acht)?

2.1.3.9 Leidenschaft von Typ 9: Die Trägheit

Ü
45
46
47
50

Trägheit (= das Bestreben von physikalischen Körpern, in ihrem Bewegungszustand zu verharren, Bequemlichkeit, Faulheit, Bewegungslosigkeit, Lustlosigkeit) **Trägheit** (= Charaktereigentschaft des Trägeseins, Bequemlichkeit, Behäbigkeit, Schwerfälligkeit, mitunter Faulheit, Masseträgheit, Beharrungsvermögen, veraltet: im Sinne des lateinischen „Acedia" (latinisiert aus griech. ἀκήδεια „Sorglosigkeit", „Nachlässigkeit", „Nichtsmachenwollen" von κῆδος kēdos „Sorge") ist ein Ausdruck der christlichen Spiritualität und bezeichnet eine Haltung, die sich „gegen Sorge, Mühe oder Anstrengung wendet" und darauf „mit Abneigung, Überdruss oder Ekel" reagiert, also im Sinne einer Trägheit des Herzens, einer geistigen Lustlosigkeit, Trägheit ist die spirituelle Passivität oder mangelnde Antriebskraft hinsichtlich der Suche nach der eigenen „Essenz".) Ist mein lebendiges Menschsein vielleicht primär geprägt von Trägheit oder der (vordergründigen) Vermeidung von Trägheit (beim Kontratyp der Neun, der sozialen Neun)?

Ü
46
47

2.2 *Vorgehensweise Nr. 2:* Bestimmung des Triaden-Zentrums - Reaktionen innerhalb dieses vorherrschenden Zentrums

Eine etwas andere direktere und und in der Praxis vielfach einfachere Vorgehensweise bei der Bestimmung des richtigen Menschentyps des Enneagramms *(wobei bei dieser 2. Variante aber die besonderen Eigenschaften der Untertypen keine Berücksichtigung finden)* besteht darin, sich folgende ***zwei Fragen*** zu beantworten: ***1. Welches Zentrum*** *(Kopf-, Herz- oder Bauchzentrum mit den jeweiligen Grundthemen Gedanken - Angst, Image - Scham und Instinkte - Aggressionen)* **springt** in *Hinblick auf die Herausforderungen in den Lebensumständen* bei dem zu bestimmenden Menschen ***immer als erstes, also vorherrschend (= dominant) an? 2. Wie reagiert der Mensch dabei innerhalb seines vorherrschenden*** *(dominanten)* ***Zentrums in Bezug auf Denken*** *(Kopfzentrum)*, ***Fühlen*** *(Herzzentrum)* ***oder den Instinkt*** *(Bauchzentrum)*?

2.2.1 Schritt Nr. 1: Bestimmung des Triaden-Zentrums

Wie bereits weiter oben dargestellt geht es bei der *Bestimmung des Triaden-Zentrums* um die Frage, ob man ein *Kopf-, Herz- oder Bauchmensch bzw. -typ* ist.

2.2.1.1 Die Kopftriade *(Denktriade, allgemeines Verlangen nach Sicherheit)*

Die *Typen 5, 6 und 7* sind von *Unsicherheit* in Anspruch genommen. Sie erleben einen *Mangel an innerer Führung und Unterstützung*. Hinter ihren Abwehrmechanismen verstecken sich die *Angst und die Furcht*. Das **Kopfzentrum** ist hier das *Primärzentrum des Handelns (die sog. „Vater-Intelligenz", das sog. „Vater-Prinzip", die sog. „Licht-Energie", Qualität: intellektuell, sog. Sach-Trias)*.

2.2.1.2 Die Herztriade *(Gefühlstriade, allgemeines Verlangen nach Aufmerksamkeit)*

Die *Typen 2, 3 und 4* sind von ihrem *Selbstbild oder Image* in Anspruch genommen. Sie *verwechseln in besonderer Weise ihr wahres Selbst mit ihrer nach außen getragenen Persönlichkeit* und *identifizieren sich* mit den *(angeblichen) Vorzügen* ihrer *(falschen) Persönlichkeit*. Hinter ihren Abwehrmechanismen versteckt sich die *Scham*. Das **Herzzentrum** ist hier das *Primärzentrum des Handelns (die sog. „Mutter-Intelligenz", das sog. „Mutter-Prinzip", die sog. „Wärme-Energie", Qualität: emotional, sog. Beziehungs-Trias)*.

2.2.1.3 Die Bauchtriade *(Instinkttriade, allgemeines Verlangen nach Autonomie)*

Die *Typen 1, 8 und 9* sind von der Aufrechterhaltung ihres *Widerstands gegen die Wirklichkeit* in Anspruch genommen. Sie erzeugen *Grenzen in Bezug auf das bewusste Sein*, die vor allem auf *physischen Spannungen* beruhen. Ihre Probleme haben meist zu tun mit *Aggression und Repression* (= Verdrängung oder Unterdrückung der eigenen Aggressionen oder Handlungsenergien). Hinter ihrem Abwehrmechanismus versteckt sich in der Tiefe der *Zorn*. Das **Bauchzentrum** ist hier das *Primärzentrum des Handelns (die sog. „Kind-Intelligenz", das sog. „Kind-Prinzip", die sog. „Raum-Energie", **Qualitäten:** instinkthaft, aktiv, sog. Handlungs-Trias)*.

2.2.2 Schritt Nr. 2: Bestimmung der Reaktionen innerhalb des vorherrschenden Zentrums

Ist der zu bestimmende Mensch von der energetischen Grundenergie bzw. Leidenschaft her eher

> *nach außen gerichtet (extrovertiert, überschießend, übertrieben = Typen 5, 2, 8)?*

> *nach innen gerichtet (introvertiert, umgewandelt, umfunktioniert = Typen 7, 4, 1)?*

> *neutral (= verborgen, unterdrückt, blockiert = Typen 6, 3, 9)?*

2.3 *Vorgehensweise Nr. 3:* Die intuitive Methode

Ü

46
47

Diese 3. Vorgehensweise ist eher intuitiv, zumindest im ersten Schritt. In diesem *ersten Schritt* überlegt man, **welche energetische Austrahlung** der zu bestimmende Mensch primär besitzt: *Kopfbetont? Herzbetont? Bauchbetont?*

In einem *zweiten Schritt* wird geschaut, ob *diese primäre Ausstrahlung* **vorherrschend** eher **extrovertiert** *(Typen 2, 5, 8)*, **introvertiert** *(Typen 1, 4, 7)* oder **neutral** *(Typen 3, 6, 9)* ist. Danach bestimmt sich dann wie bereits oben unter **Punkt 2.2** beschrieben der entsprechende Enneagrammtyp.

2.4 *Vorgehensweise Nr. 4:* Orientierung an den 9 Motivations- und Handlungsmustern

Ü

46
47

Man orientiert sich primär klassisch an den **jeweiligen Motivations- und Handlungsmustern** der *neun beschriebenen Enneagramm-Muster und die jeweils zutreffenden Aussagen (Typen 1 - 9), die man nachfolgend ankreuzen kann. Dabei sprechen tendenziell viele zutreffende Aussagen für das Vorliegen eines bestimmten Enneagrammtyps, wenige zutreffende Aussagen eher gegen den einen oder anderen Typ. Wenn man sich beim Ankreuzen bei gewissen Aussagen unbehaglich fühlt, ist das häufig ein Indiz dafür, dass man mit diesem Thema mehr zu tun hat als einem bewusst ist. Ist man sich bei der einen oder anderen Aussage unsicher, sollte man durchaus die engsten Vertrauten um deren Meinung fragen:*

2.4.1 Aussagen zu *Typ 1, dem Prinzipienorientierten* *(Perfektionsdrang, alles soll möglichst korrekt sein und seine Ordnung haben!)*

Ü

46
47

Ich halte mich gern an Recht und Ordnung, bin verantwortungs- und pflichtbewusst.

Ich möchte, dass sich möglichst alle an die Spielregeln halten und achte darauf.

Wenn Menschen zu spät kommen, hasse ich das, es ärgert mich innerlich enorm.

Über bestimmte Dinge kann ich mich sehr lange ärgern, auch wenn ich nichts sage.

Von meiner Natur her bin ich praktisch und realistisch veranlagt.

Oft fühle ich mich schuldig oder schlecht, wenn ich mich ausruhe oder entspanne.

Insgeheim fürchte ich mich vor der Kritik und dem Urteil anderer Menschen.

Es gibt für mich entweder nur richtig oder falsch, ich bin innerlich sehr streng.

Ich vergleiche mich immer schnell mit anderen und möchte dann oft Erster sein.

Man kann sich meistens sehr gut auf mich verlassen, ich bin sehr zuverlässig.

Details sind für mich von großer Bedeutung, manchmal bin ich ein wenig pingelig.

Ich denke nicht oft über meine eigenen Bedürfnisse nach, habe dennoch Ansprüche.

Ich neige zu vergleichendem Denken in „Entweder-oder-Kategorien" (gut/schlecht, richtig/falsch, Recht/Unrecht, groß/klein, wichtig/unwichtig etc.)

Ich achte die Selbstständigkeit anderer Menschen und dränge mich ihnen nicht auf.

Beim ersten Kontakt mit anderen bin ich eher zurückhaltend und abwartend.

Eigentlich habe ich insgeheim immer das Gefühl, dass ich Recht habe.

Spontaneität fällt mir sehr schwer, ich kann innerlich oft nicht loslassen, entspannen.

Ich achte sehr auf grammatische und orthographische Genauigkeit.

Wenn ich im Laufe des Tages mein Pensum nicht schaffe, fühle ich mich schuldig.

Ich habe hohe Ideale, bin anspruchsvoll gegenüber den anderen und mir selbst.

Ich lege Wert auf korrektes Verhalten und Aussehen bei anderen und mir selbst.

Anschaffungen überlege ich mir sehr genau und sie müssen von hoher Qualität sein.

Wahrheit und Gerechtigkeit sind mir sehr wichtig und müssen durchgesetzt werden.

Ich mache mir häufig Sorgen um die Widrigkeiten des Lebens.

Es ist nicht gut und richtig, Zorn zu empfinden und sich nicht zu beherrschen.

Meine Arbeit möchte ich so gut wie nur möglich machen, Fehler sind mir zuwider.

Insgesamt habe ich große Angst davor, Fehler zu begehen.

Ich kann nur schwer verzeihen, wenn man mir etwas angetan hat.

Gern trage ich meine beste Kleidung und fühle mich dann sauber und wohl.

2.4.2 Aussagen zu *Typ 2, dem Liebesorientierten* *(Helferdrang, für andere da ein!)*

Ü
46
47

Meine Verwandten und Freunde brauchen mich und eigentlich brauche ich sie auch.

Oft ist mir nicht ganz klar, wer ich wirklich bin, weil ich mich im anderen verliere.

Meine persönliche Freiheit ist mir besonders wichtig, sonst werde ich ungemütlich.

Ich finde es gut, wenn mich mich braucht und um Rat fragt und ich helfen kann.

Ich möchte anziehend wirken, aber nicht unbedingt immer gleich Sex haben.

Für gewöhnlich erwarte ich für meine Hilfe keine direkte Gegenleistung.

Es ist aufregend für mich, die Liebe eines Menschen zu gewinnen.

Ich passe mich dem Menschen an, mit dem ich gerade zusammen bin.

Es fällt mir häufig schwer, völlig unabhängig von anderen zu denken und zu handeln.

Ich bin verletzt, wenn ich nicht die Nähe bekomme, die ich von anderen benötige.

Oft wünsche ich mir, wenn ich ehrlich bin, Anerkennung und Bestätigung.

An meine Freunde, Verwandten und Bekannten stelle ich hohe Erwartungen.

Ich drücke menschliche Wärme gern durch Körperkontakt aus und suche diesen.

Meine (emotionalen) Bedürfnisse verberge ich häufig vor den anderen.

Häufig bin ich mir gar nicht sicher, welche Bedürfnisse ich eigentlich habe.

Gern bin ich mit wichtigen und bedeutenden Menschen zusammen.

Ich habe Angst, in mein Inneres hineinzuschauen, orientiere mich lieber an anderen.

Beziehungen zu anderen Menschen sind mir sehr wichtig und tun mir gut.

Oft tue ich Dinge nur deshalb, um anderen zu gefallen, dass sie stolz auf mich sind.

Wenn ich anderen meine wahren Bedürfnisse mitteilen würde, würde ich bestimmt zurückgewiesen werden.

Ich habe insgeheim Angst, von anderen betrogen, verraten und verkauft zu werden.

Ich fürchte Zurückweisungen und nehme Zurücksetzungen sehr persönlich.

Ich bin die starke Frau hinter dem erfolgreichen Mann oder umgekehrt.

Ich bin sehr stolz auf das, was ich Gutes tue und was ich geschafft habe im Leben.

Wenn jemand böse auf mich ist, dann ertrage ich das nur sehr schwer oder gar nicht.

Ich bin es oft echt leid, immer nur die Gebende zu sein, fühle mich dann ausgenutzt.

Eigentlich habe ich, wenn ich ehrlich bin, Angst vor echter Nähe und Intimität.

Ich bin leicht verletzt, wenn ich kritisiert werde und nehme es schnell persönlich.

Oft habe ich den Eindruck oder das Gefühl, dass man mich nicht genug wertschätzt.

Ich bin tüchtig, freundlich, erfolgreich und verfolge meine Ziele mit Eifer.

Ich bin leistungs-, wettbewerbs- und erfolgsorientiert und halte meistens durch.

Ich bin aktiv und dynamisch, manchmal auch innerlich unruhig und aufgedreht.

Leerlaufzeiten und Erholungsphasen vermeide ich (oft ganz unbewusst).

Man liebt mich vor allem für meine Leistungen, meinen Fleiß und meine Effektivität.

Oft weiß ich gar nicht, was ich wirklich fühle, ich arbeite hart und viel.

Die Arbeit geht bei mir immer vor, vor allem vor persönliche Gefühle.

Meine Außenwirkung auf andere und in der Öffentlichkeit ist mir sehr wichtig.

Meine Zeit verschwende ich nicht sehr gern, bin manchmal ungeduldig und unruhig.

Ich tue gern mehrere Dinge zugleich und bin multitaskingfähig.

Meine Ziele erreiche ich eigentlich immer, das ist mir äußerst wichtig.

Ich gebe gern die Regeln vor und gebe ungern das Ruder aus der Hand.

Nach außen hin kann ich mich sehr gut verkaufen, viele nehmen mich positiv wahr.

Meine eigenen Leistungen stelle ich sehr gern übertrieben positiv dar.

Ich erkenne instinktiv, wer für mich nützlich sein kann und wer eher nicht.

Ich bin sehr begeisterungsfähig, vor allem wenn es um meine Ziele geht.

Manchmal werde ich von anderen als täuschend oder emotional abwesend erlebt.

Oft handle ich spontan, ohne groß nachzudenken, intuitiv, emotionslos und kühl.

Ich tendiere zu Konkurrenz- und Wettbewerbsdenken und kann schlecht verlieren.

Ich bin sehr zielstrebig und ehrgeizig, man liebt mich für meine Leistungen.

Ich kann Menschen leicht dazu bringen, mir Vertrauen zu schenken.

Ich beurteile Personen oft danach, ob sie meinen Zwecken und Absichten dienen.

Ich sorge geschickt und charmant für die Unterhaltung in geselligen Situationen.

Finanzielle Sicherheit ist mir extrem wichtig, ein Leben in Armut unvorstellbar.

Ich konzentriere mich stets auf das Positive, hole das Beste aus anderen Menschen heraus, aber meide negative Menschen, die mich energetisch nur aussaugen.

Wirklich wichtig ist mir, dass ich meine Arbeit schaffe und zu Ende bringen kann.

Ich brauche viel Anerkennung, werde gern gelobt, das schmeichelt meiner Seele.

Ich spreche ungern über mein privates/persönliches Leben und Empfinden.

Mein öffentliches Image ist mein wahres Ich und ich möchte von allen respektvoll behandelt werden.

2.4.4 Aussagen zu *Typ 4, dem Selbstorientierten* (*Drang, andersartig oder etwas Besonderes zu sein!*)

Mich selbst und meine emotionalen Tiefen zu verstehen ist mir sehr wichtig.

Manchmal koste ich regelrecht das Gefühl des Schmerzes, der Melancholie aus.

Häufig erlebe ich wahre Wechselbäder von Gefühlen, himmelhochjauchzend - zu Tode betrübt, diese schwankenden Phasen hatte ich eigentlich schon immer.

Wichtige Entscheidungen treffe ich hauptsächlich nach meinen Gefühlen.

Oft habe ich sehr melancholische Phasen, zum Teil auch depressive Episoden.

Ich verspüre häufig ein eigenartiges Gefühl des Verlustes oder des Mangels.

Gefühle der Traurigkeit und der Melancholie lebe ich gern aus.

Dinge, die zu leicht zu bekommen sind, erscheinen mir nicht so viel wert.

Ich schätze tiefgründige und anspruchsvolle Beziehungen mit Niveau.

Ich hoffe, dass die Liebe (= der richtige Partner) mir das große Glück bringen kann.

Irgendwie bin ich anders als andere und gehöre nirgendwo richtig hin.

Selbst erlebe ich mich als herzlich und sensibel, andere erleben mich eher ernst und zurückhaltend, manchmal gar schüchtern.

Ich möchte, dass mich meine Mitmenschen als etwas Besonderes wahrnehmen und man meiner Seele auf den Grund kommt, oberflächliche Menschen mag ich nicht.

Die Eigenheiten/Besonderheiten anderer Menschen ärgern mich häufig.

Ich möchte nicht so sein wie andere, sondern etwas ganz Besonderes.

Auffällige, einzigartige Menschen interessieren mich immer sehr.

Ich kann mich über die Schönheit der Natur sehr freuen.

In Liebesbeziehungen wünsche ich mir wahre Intimität und echte Romantik.

Ich will oft mehr als ich habe und mag nicht, wenn man mich kontrolliert.

Ich achte darauf, dass andere mir gegenüber integer und vertrauenswürdig sind.

Ich konzentriere mich gedanklich und oft auch emotional auf die Vergangenheit oder die Zukunft, selten auf die Gegenwart.

Ich bin sehr sensibel für die Gefühle anderer und verfüge über große Empathie.

Ich sehe häufig mehr das Negative als das Positive in meinen Lebenssituationen.

Ich bin nicht von der Mode abhängig, aber doch modebewusst.

Ich tendiere dazu, Mitmenschen in verwickelte Beziehungsdramen einzubeziehen, bin aber eine gute Stütze in einer Krise.

Es verletzt mich sehr, wenn man mich vergisst, nicht entsprechend beachtet oder gar einseitig kritisiert, das nehme ich dann sehr persönlich.

Ich kann nur äußerst schwer verzeihen, vergeben und vergessen.

Manchmal nehme ich es bewusst in Kauf, zwischenmenschlich anzuecken.

Niemand kann und wird mich je verstehen können, ich selbst kann es ja kaum.

2.4.5 Aussagen zu *Typ 5, dem Erkenntnisorientierten* (*Erkenntnisdrang, unpersönliche Interessen!*)

Ich kann sehr gut auf viele Dinge verzichten, wenn es notwendig ist.

Meine Freunde kennen sich einander nicht und das ist auch gut so.

Für mich ist Selbstbeherrschung eine Tugend und daher anzustreben.

Vor Intimität, menschlicher Nähe und zu heftigen Gefühlen habe ich große Angst.

Manchmal stelle ich das Telefon ab, um einfach mal nicht gestört zu werden.

Es fällt mir oft schwer, andere um etwas zu bitten, kann mich da schwer öffnen.

Allzu theatralische Menschen mag ich nicht und bin selbst eher nüchtern und sachlich orientiert, man sollte doch immer einen kühlen Kopf bewahren.

Nur wenn ich ganz allein bin, kann ich mich auch schon einmal meinen Gefühlen hingeben, oft durchlebe ich erst im Nachhinein die schönen Augenblicke des Lebens.

Ich teile mein Leben gedanklich in verschiedene Bereiche auf und liebe es, zu beobachten. Dabei fehlt mir aber häufig die emotionale Nähe zum jetzigen Geschehen.

Gern bin ich mit Leuten zusammen, die sich in meinem Sachgebiet auch gut auskennen, mit denen ich dann fachsimpeln kann.

Ich liebe Systeme, die die verschiedenen Arbeitsweisen von Menschen analysieren.

Ich finde es toll, mich in meinem speziellen Fachgebiet auszukennen, dort ein großer Experte zu sein.

Ich bin lieber der stille Beobachter der Dinge, als dass ich aktiv mitmache.

Ich kann Lebensvorgänge recht gut objektiv analysieren mit einer gewissen mentalen Distanz, in der nüchternen Betrachtung der Dinge liegt meine große Stärke.

Ich bin eher ein Einzelgänger und engagiere mich nicht allzu gern.

Ich möchte immer darüber informiert sein, was mich zukünftig erwartet.

Ich mag es nicht, wenn man zu viel Wirbel um mich als Person macht.

Manchmal beobachte ich mich ganz objektiv während des Tages.

Manchmal fühle ich mich anderen gegenüber intellektuell überlegen.

Ich kann mich stundenlang meinen Interessen/Hobbys/Projekten widmen.

Partys, große Menschenmengen etc. sind mir regelmäßig zuwider.

Ich kann mein Leben und die Dinge des Lebens am besten rückblickend genießen.

Wenn man mich fragt, was ich fühle, weiß ich darauf oft keine Antwort.

Viele meiner Mitmenschen halten mich für etwas dröge und emotionskarg.

Ich habe ein großes Bedürfnis, dass man mich als kompetent wahrnimmt.

Manchmal wirke ich ein wenig unnahbar auf meine Mitmenschen.

Ich neige zum Rückzug, zum Verschwinden und zum emotionalen Unbeteiligtsein.

Ich reagiere oder antworte häufig mit intellektueller Weitschweifigkeit.

Ich fürchte mich vor einem Einbruch in meine Privatsphäre, in mein Inneres, in meine Gedankenwelt. Dann reagiere ich sofort mit Rückzug und Distanz.

2.4.6 Aussagen zu *Typ 6, dem Sicherheitsorientierten* (*Sicherheitsdrang wegen innerer Unsicherheit!*)

Ich denke tendenziell eher nach, als dass ich handle.

Ich vergesse sehr gern die guten Zeiten und erwarte häufig Probleme.

Innerlich leiste ich häufig gern Widerstand, ich habe manchmal eine rebellische Ader.

Manchmal bin ich sehr misstrauisch und vermute Hintergedanken bei Menschen.

Wenn ich mich dazu entschlossen habe, mich für eine Sache zu engagieren, dann bin ich dabei sehr loyal.

Ich fühle mich oft innerlich unsicher und mitunter gedanklich verwirrt, verzweifelt.

Ich habe eine blühende Phantasie und höre oft die Flöhe husten.

Ich hege oft ängstliche oder auch sorgenvolle Gedanken und rechne häufig mit dem Schlimmsten.

Ich verhalte mich häufig unangepasst und stelle gern alles in Frage.

Ich bin voller innerer Widersprüche, Befürchtungen und Misstrauen.

Ich befürchte oft, dass sich meine Situation noch verschlimmern könnte.

Ich kann sehr aufbrausend sein und mitunter auch recht wütend.

Ich akzeptiere keine Autoritäten (= kontraphobischer Typ 6).

Ich kann Gefahren ins Auge sehen, auch wenn ich innerlich vor Angst zittere.

Es fällt mir mitunter schwer, Projekte ganz zu Ende zu bringen.

Ich möchte immer gern alles richtig machen, so viele Dinge können ja schiefgehen.

Ich betrachte die Welt als gefährlichen Ort, denn es kann so schnell etwas passieren.

Ich überlege lange, bevor ich einen Konflikt anspreche, bis ich den Mut aufbringe.

Ich scheitere manchmal lieber, als dass ich Erfolg habe.

Autoritäten misstraue ich besonders, kann ohnehin anderen schwer vertrauen.

Ich setze mich gern für Schwächere und Benachteiligte ein.

Ich zeige überhaupt nicht gern, dass ich zornig bin.

Gern setze ich mich für eine gute Sache ein.

Ich bin verantwortungs- und pflichtbewusst, aber nicht um jeden Preis.

Ich verliere häufig mein Selbstvertrauen und bin recht selbstkritisch.

Ich verhalte mich oft bestimmend und direkt. Angriff ist die beste Verteidigung!

Ich bin intelligent, humorvoll und geistreich.

Ich verhalte mich loyal gegenüber Autoritäten, die ich anerkennen kann.

Ich registriere intuitiv atmosphärische Stimmungen in meiner Umgebung.

Ü
46
47

2.4.7 Aussagen zu *Typ 7, dem Lustorientierten* (Drang nach Spaß, Freude, Vergnügen, Lust, Genuss!)

Ich mag Unterhaltung, Ablenkung, Spaß und Vergnügen jeglicher Art.

Eigentlich bin ich ein glücklicher Mensch, bis auf Kleinigkeiten ist mein Leben ok.

Ich kann Langeweile nicht so gut ertragen, bin lust- und spaßorientiert.

Ich kann mich immer recht gut und charmant aus einer Sache herausreden.

Mit depressiven Menschen kann ich persönlich nicht so gut umgehen.

Ich bin schnelllebig, vielseitig und brauche immer Abwechslung im Leben.

Vergnügen und Freude am Leben ziehe ich persönlich immer harter Arbeit vor.

Ich bin überzeugter Optimist und schmiede gerne Zukunftspläne.

Ich bin kein guter Zuhörer, aber selbst kann ich sehr gut Geschichten erzählen.

Ich bekomme in aller Regel, was ich will und gönne mir gern etwas.

Ich halte mir gern alle Möglichkeiten und ein Hintertürchen offen.

Ich habe eigentlich wenig Probleme und nehme das Leben allgemein eher leicht.

Gern bin ich mit anderen Menschen zusammen, weil ich ein geselliger Mensch bin.

Ich verdränge gern unangenehme Dinge und bin ein „Schmerzflüchter".

Ich möchte das Beste aus meinem Leben herausholen.

Ich mag es gern leicht und denke nicht allzu viel über das Leben nach.

Ich bin gern mit geistreichen und witzigen, humorvollen Menschen zusammen.

Durch eine positive Lebenseinstellung und positives Denken kann man viele Probleme lösen, was nutzt es schon Trübsal zu blasen.

Über Verluste komme ich schneller hinweg als andere Menschen.

Ich habe hohe Ideale und bin positiv ausgerichtet.

Ich mag nicht so gern Verpflichtungen und Verantwortlichkeiten.

Ich möchte mich einerseits engagieren und andererseits aber auch meine Freiheit und Unabhängigkeit bewahren.

Aufgrund mangelnder Fokussierung lasse ich mich oft zu leicht ablenken.

Oft habe ich mehrere Projekte gleichzeitig am laufen.

Ich mache sehr gern zwischendurch ein paar Späße und bin gern lustig und heiter.

„Don`t worry, be happy" ist eines meiner Lebensmottos.

Man sollte sich das Leben nicht zu schwer machen und es nicht zu ernst nehmen.

Unangenehme Ereignisse vergesse ich relativ rasch, indem ich mich positiv ausrichte.

Ich sage oft meine Meinung, auch in Anbetracht von massivem Gegenwind.

2.4.8 Aussagen zu *Typ 8, dem Machtorientierten* (*Macht- und Kontrolldrang über andere und sich selbst!*)

Ich übernehme gern die Verantwortung für mich und andere und gebe den Ton an.

Ich verfüge über unendlich viel Energie und Stärke im Vergleich zu anderen.

Ich traue anderen oft keine Eigenverantwortung zu und unterstütze sie daher lieber.

Gerechtigkeit und Wahrheit sind wichtige Themen in meinem Leben.

Ich tue oft Dinge mit großem Einsatz, voller Power und Durchsetzungskraft.

Manchmal bin ich sehr aggressiv, wütend oder schnell ärgerlich.

Ich respektiere Menschen, die sich zu ihrer Meinung bekennen.

Es gibt im Grunde genommen nur eine richtige Meinung: Meine!

Mit meiner Meinung halte ich nicht hinter dem Berg, bin ehrlich und direkt.

Ich kann sehr gut Entscheidungen treffen, für mich und auch für andere.

Ich arbeite hart, schaffe viel mit Durchsetzungs- und Willenskraft.

Wenn ich jemandem vertraue, macht mich das verletzlich.

Ich schaue regelmäßig, wem ich die Schuld zuschieben kann.

Schuldige sollten auch bestraft werden, das ist doch nur recht und billig!

Ich verhalte mich häufig nonkonformistisch.

Ich bin machtorientiert, durchsetzungsstark und agiere kämpferisch und überlegen.

In einer Gruppe verhalte ich mich eher als Beobachter, bleibe zunächst ruhig.

Ich habe gern die Entscheidungsmacht und kann andere Menschen gut führen und leiten. Andere sehen in mir eine starke Persönlichkeit und suchen meine Hilfe.

Ich lebe eher exzessiv, das Normalmaß übersteigend, dann bin ich wirklich lebendig.

Ich neige dazu, Regeln zu brechen. Kompromiss? Was soll das sein?

Ich verteidige die Schwachen, beschütze Menschen, die mir nahe stehen.

Ich langweile mich, wenn es keine Konflikte oder Anregungen gibt.

Ich werde leicht wütend, möchte die Kontrolle und kann Streitsituationen gut aushalten. Allgemein kann ich sehr gut mit Zorn umgehen und ihn kontrollieren.

Ich kann mich sehr unverblümt und deutlich ausdrücken, das mögen nicht alle.

Ich mag keine Vorspiegelung falscher Tatsachen und erkenne Verrat sehr schnell.

Ich benutze Zorn und Sex, um Menschen nahe zu kommen.

Ich hasse es, abhängig und unselbstständig zu sein und lasse mir nichts gefallen.

Ich sehe alles entweder schwarz oder weiß, mir fehlen häufig auch die menschlichen Zwischentöne. Andere halten mich daher oft für unsensibel, was aber nicht stimmt.

Ich habe gern Klarheit, bin direkt um Umgang, trete selbstbewusst und raumgreifend auf, das ist einfach meine Natur.

2.4.9 Aussagen zu *Typ 9, dem Harmonieorientierten* (*Harmoniedrang, in der Ruhe liegt die Kraft!*)

Wichtige Dinge schiebe ich gern bis zuletzt auf, kann mich oft nicht aufraffen.

Es fällt mir schwer, „nein" zu sagen.

Freunde sagen, ich sei oft ein wenig zerstreut, verwirrt oder geistig abgehoben.

Die Vergangenheit ist sehr real für mich und wie ein Elefant vergesse ich nichts.

Ich möchte von anderen geschätzt und gewürdigt werden.

Ich kann sehr gut die Gefühle anderer nachempfinden.

Ich zeige sehr ungern meinen Zorn, oft empfinde ich ihn überhaupt nicht bewusst.

Ich neige dazu, meine Wut zurückzuhalten, die erst später deplatziert herausbricht.

Manchmal geht bei mir nichts mehr, dann bin ich stur, passiv und unnachgiebig.

Wenn ich meine Meinung wirklich sage, dann wird mich der andere verlassen.

Ich kann Stunden mit unwichtigen Dingen verbringen, zerstreue mich gern.

Es fällt mir sehr schwer zu wissen, was ich wirklich will.

Im Grunde beschreiben mich alle Enneagrammtypen gleichermaßen.

Ich kann alle Seiten eines Problems, ich nehme alles „gleich wichtig".

Ich fühle mich eins mit anderen Menschen und der Natur.

Es fällt mir recht schwer, Entscheidungen zu treffen, ich weiß oft gar nicht, was ich wirklich will.

Ich vermeide eigene Positionen, Wünsche und Gefühle zu spüren.

Oft schließe ich mich den Vorschlägen anderer an und bin zufrieden damit.

Ich verteidige nicht oft meinen Standpunkt, lasse anderen gerne den Vortritt.

Andere Menschen haben meines Erachtens eine festere Meinung als ich.

Ich möchte oft heimlich die Regeln brechen, aber oft fehlt mir dazu der Mut.

Ich bin einfach gern mit Menschen zusammen, benötige aber auch Zeiten der Ruhe.

Oft denke ich an viele Dinge auf einmal und bin ein leidenschaftlicher Sammler.

Es fällt mir immer wieder schwer, eine Arbeit anzufangen.

Ich unterstütze gern andere Menschen, helfe ihnen gern bei ihrer Entwicklung.

Eigene Bedürfnisse stelle ich häufig als unwichtig zurück.

Ich muss mich oft zu Dingen aufraffen, aber wenn es mir gelingt, geht es ganz gut.

Ich bin ein friedliebender Zeitgenosse, möchte mit allen ein gutes Verhältnis haben.

Tendenziell nehme ich mich selbst und meine Bedürfnisse nicht allzu wichtig.

2..5 *Vorgehensweise Nr. 5:* Orientierung an den 27 Untertypen *(Instinktvarianten)*

Man orientiert sich *primär* an den ***ausführlichen Beschreibungen der 27 Untertypen*** des Enneagramms, *ähnlich wie bei der 1. Vorgehensweise, jedoch deutlich detaillierter.* Diese **27 Instinktvarianten** werden ausführlich in meinem Buch *„Rathmer`s großes Enneagramm-Lexikon von A-Z"* beschrieben, da eine solche ausführliche Darstellung der Absicht und den Rahmen dieses Buches sprengen würde. Alle notwendigen Beschreibungen zur *Untertypenbestimmung* finden sich daher dort unter den jeweiligen Einträgen *(Stichpunkten).* Hier nun aber ein *kleiner Überblick über die 27 Untertypen* des Enneagramms in Form einzelner Kurzbeschreibungen für die erste Selbsteinschätzung, vor allem wie der jeweilige Instinkt sich mit der entsprechenden Leidenschaft koppelt und so zu den typischen Verhaltensmustern führt:

2.5.1 Selbsterhaltender Untertyp der 1 *(der Perfektionist /NT)* - *Kurzbeschreibung*

Der permanent vorhandene verborgene innere Zorn koppelt sich mit dem Selbsterhaltungsinstinkt und führt dadurch vermehrt zur Besorgnis in Angelegenheiten der Selbsterhaltung und des Überlebens. - **SE 1**

2.5.2 Selbsterhaltender Untertyp der 2 *(die Matriarchin /KT)* - *Kurzbeschreibung*

Der permanent vorhandene verborgene innere Stolz koppelt sich mit dem Selbsterhaltungsinstinkt und führt dadurch vermehrt zu einer „Ich zuerst"-Mentalität, einer primären selbsterhaltenden Sorge nur um sich selbst und das eigene Überleben. - **SE 2**

2.5.3 Selbsterhaltender Untertyp der 3 *(der Pragmatiker /KT)* - *Kurzbeschreibung*

Die permanent vorhandene verborgene innere Eitelkeit koppelt sich mit dem Selbsterhaltungsinstinkt und führt dadurch vermehrt zu einem ausgeprägten Streben nach materieller Sicherheit. - **SE 3**

2.5.4 Selbsterhaltender Untertyp der 4 *(der Kunsthandwerker/KT)* - *Kurzbeschreibung*

Der permanent vorhandene verborgene innere Neid koppelt sich mit dem Selbsterhaltungsinstinkt und führt dadurch vermehrt zu einem unerschrockenen Aushalten des Schmerzes am Rande des Abgrunds und zur Selbsteinschränkung. - **SE 4**

2.5.5 Selbsterhaltender Untertyp der 5 *(der Sammler/VT)* - *Kurzbeschreibung*

Der permanent vorhandene verborgene innere Geiz koppelt sich mit dem Selbsterhaltungsinstinkt und führt dadurch vermehrt zum Bedürfnis nach Rückzug an einen sicheren Rückzugsort und zu einer Hamster-Mentalität. - **SE 5**

2.5.6 Selbsterhaltender Untertyp der 6 *(der Familienmensch/VT)* - *Kurzbeschreibung*

Die permanent vorhandene verborgene innere Angst koppelt sich mit dem Selbsterhaltungsinstinkt und führt dadurch vermehrt zur ängstlich-freundlichen Anpassung an die Umwelt. - **SE 6**

2.5.7 Selbsterhaltender Untertyp der 7 *(der Genussmensch/NT)* - *Kurzbeschreibung*

Die permanent vorhandene verborgene innere Völlerei (Unersättlichkeit) koppelt sich mit dem Selbsterhaltungsinstinkt und führt dadurch vermehrt zur Aufrechterhaltung einer erweiterten Familie mit dem Ziel, Halt und Sicherheit im Familienverbund aufrechtzuerhalten. - **SE 7**

2.5.8 Selbsterhaltender Untertyp der 8 *(der Gewichtheber/NT)* - *Kurzbeschreibung*

Die permanent vorhandene verborgene innere Wollust (Gier) koppelt sich mit dem Selbsterhaltungsinstinkt und führt dadurch vermehrt zum absoluten Verlangen nach einem befriedigenden Überleben und dem Streben nach Selbstbestimmung. - **SE 8**

2.5.9 Selbsterhaltender Untertyp der 9 *(der Bequeme/NT)* - *Kurzbeschreibung*

Die permanent vorhandene verborgene innere Trägheit (Bequemlichkeit) koppelt sich mit dem Selbsterhaltungsinstinkt und führt dadurch vermehrt zum übermäßig irdischen Appetit und zum Bedürfnis nach Ersatzbefriedigung. - **SE 9**

2.5.10 Sozialer Untertyp der 1 *(der Gesetzgeber/VT)* - *Kurzbeschreibung*

Der permanent vorhandene verborgene innere Zorn koppelt sich mit dem sozialen Instinkt und führt dadurch vermehrt zur Nichtanpassung in sozialen Angelegenheiten der Gemeinschaft. - **SO 1**

2.5.11 Sozialer Untertyp der 2 (der Diplomat/VT) - Kurzbeschreibung

Der permanent vorhandene verborgene innere Stolz koppelt sich mit dem sozialen Instinkt und führt dadurch vermehrt zu sozialem Ehrgeiz, dem Bedürfnis, gesellschaftlich über den anderen zu stehen, zur Einflussnahme auf gesellschaftlich wichtige Personen und dem dringenden Bedürfnis nach gesellschaftlicher Reputation. - **SO 2**

2.5.12 Sozialer Untertyp der 3 (der Politiker/VT) - Kurzbeschreibung

Die permanent vorhandene verborgene innere Eitelkeit koppelt sich mit dem sozialen Instinkt und führt dadurch vermehrt zur Prestigesucht, dem verstärkten Bedürfnis zu brillieren und zum Streben nach öffentlichem Ansehen. - **SO 3**

2.5.13 Sozialer Untertyp der 4 (der Kritiker/VT) - Kurzbeschreibung

Der permanent vorhandene verborgene innere Neid koppelt sich mit dem sozialen Instinkt und führt dadurch vermehrt zu selbstabwertendem Vergleichen im sozialen Kontext, zur Selbsterniedrigung und zu ausgeprägten Schamgefühlen. - **SO 4**

2.5.14 Sozialer Untertyp der 5 (der Professor/NT) - Kurzbeschreibung

Der permanent vorhandene verborgene innere Geiz koppelt sich mit dem sozialen Instinkt und führt dadurch vermehrt zu dem Bedürfnis nach Rückzug in eine (idealisierte) geistige Welt und dem Bedürfnis nach Beschäftigung mit dem Außergewöhnlichem, einem sog. Totem. - **SO 5**

2.5.15 Sozialer Untertyp der 6 (der Beschützer/NT) - Kurzbeschreibung

Die permanent vorhandene verborgene innere Angst koppelt sich mit dem sozialen Instinkt und führt dadurch vermehrt zur Orientierung an Gesetzen, Normen und Regeln sowie zum Bedürfnis nach besonderer Pflichterfüllung. - **SO 6**

2.5.16 Sozialer Untertyp der 7 (der Visionär/KT) - Kurzbeschreibung

Die permanent vorhandene verborgene innere Völlerei (Unersättlichkeit) koppelt sich mit dem sozialen Instinkt und führt dadurch im Rahmen der sozialen Gruppe vermehrt zur Abwehr des genusssüchtigen inneren Anteils (sog. Kontra-Völlerei), dem Bedürfnis zu gefallen durch Gutsein und einer ausgeprägten Opferbereitschaft bis hin zur sozialen Märtyrerhaltung. - **SO 7**

2.5.17 Sozialer Untertyp der 8 (der Führer/KT) - Kurzbeschreibung

Die permanent vorhandene verborgene innere Wollust (Gier) koppelt sich mit dem sozialen Instinkt und

*führt dadurch vermehrt zum starken Bedürfnis nach Aufrechterhaltung von Freundschaften, Komplizen-
schaften, bei denen allerdings oft nur der eigene Wille durchgesetzt wird.* - **SO 8**

2.5.18 Sozialer Untertyp der 9 (der Mitarbeiter/KT) - *Kurzbeschreibung*

*Die permanent vorhandene verborgene innere Trägheit (Bequemlichkeit) koppelt sich mit dem sozialen In-
stinkt und führt dadurch vermehrt zum starken Bedürfnis nach Teilnahme (Partizipation) an sozialen
Gruppen und der Gesellschaft.* - **SO 9**

2.5.19 Sexueller Untertyp der 1 *(der Eroberer/KT)* - *Kurzbeschreibung*

*Der permanent vorhandene verborgene innere Zorn koppelt sich mit dem sexuellen Instinkt und führt
dadurch vermehrt zur Eifersucht gegenüber dem Partner.* - **S 1**

2.5.20 Sexueller Untertyp der 2 *(der Romantiker/NT)* - *Kurzbeschreibung*

*Der permanent vorhandene verborgene innere Stolz koppelt sich mit dem sexuellen Instinkt und führt
dadurch vermehrt zu einem von Manipulation, Verführung, Angriff, Eroberung, und Aggression gepräg-
tem Verhalten zur Bedürfnisbefriedigung.* - **S 2**

2.5.21 Sexueller Untertyp der 3 *(der Superstar/NT)* - *Kurzbeschreibung*

*Die permanent vorhandene verborgene innere Eitelkeit koppelt sich mit dem sexuellen Instinkt und führt
dadurch vermehrt zum Bedürfnis, einer Person besonders zu gefallen, dem Streben nach Akzeptiertsein in
Beziehungen und dem Image der Verkörperung einer perfekten Weiblichkeit bzw. Männlichkeit.* - **S 3**

2.5.22 Sexueller Untertyp der 4 *(der Dramatiker/NT)* - *Kurzbeschreibung*

*Der permanent vorhandene verborgene innere Neid koppelt sich mit dem sexuellen Instinkt und führt
dadurch vermehrt zum Wettbewerb (Rivalität) mit den beneideten anderen, zu Konkurrenz (-kampf) und
Entwertung anderer Menschen („Verletzte Menschen verletzen Menschen!")* - **S 4**

2.5.23 Sexueller Untertyp der 5 *(der Zauberer/KT)* - *Kurzbeschreibung*

*Der permanent vorhandene verborgene innere Geiz koppelt sich mit dem sexuellen Instinkt und führt
dadurch vermehrt zum Bedürfnis nach Rückzug in eine verlässliche Beziehung, Vertrauen, Vertraulichkeit,
Zutrauen und Zuversicht.* - **S 5**

2.5.24 Sexueller Untertyp der 6 *(der Mutige/KT)* - *Kurzbeschreibung*

Die permanent vorhandene verborgene innere Angst koppelt sich mit dem sexuellen Instinkt und führt

dadurch vermehrt zum Bedürfnis nach Demonstration von Stärke (mitunter mit einschüchterndem Verhalten), der Verwandlung der eigenen Person ins Schöne und einer angstabwehrenden Haltung. - **S 6**

2.5.25 Sexueller Untertyp der 7 *(der Gauner/VT)* - *Kurzbeschreibung*

Die permanent vorhandene verborgene innere Völlerei (Unersättlichkeit) koppelt sich mit dem sexuellen Instinkt und führt dadurch vermehrt zu genussorientiertem Optimismus in Beziehungen, zu Träumen und Idealen, zur erhöhten Reizempfänglichkeit und Beeinflussbarkeit (leichte Entflammbarkeit, Leichtgläubigkeit). - **S 7**

2.5.26 Sexueller Untertyp der 8 *(der Ritter/VT)* - *Kurzbeschreibung*

Die permanent vorhandene verborgene innere Wollust (Gier) koppelt sich mit dem sexuellen Instinkt und führt dadurch vermehrt zum Bedürfnis, den zentralen Raum in Beziehungen einzunehmen, zur Verführung und Faszination der Mitmenschen und dem Streben nach Besitz und Hingabe. - **S 8**

2.5.27 Sexueller Untertyp der 9 *(der Mystiker/VT)* - *Kurzbeschreibung*

Die permanent vorhandene verborgene innere Trägheit (Bequemlichkeit) koppelt sich mit dem sexuellen Instinkt und führt dadurch vermehrt zum Bedürfnis nach Verschmelzung, Vereinigung und Symbiose mit anderen Menschen. - **S 9**

2.6 *Vorgehensweise Nr. 6:* Bestimmung des Trityps

Die **Theorie von den Tritypen** stammt von den US-amerikanischen Enneagramm-Forschern *Katherine Chernick Fauvre und David Fauvre.* Die **Tritypenlehre** besagt, dass jeder Mensch *neben seinem eigentlichen Enneagrammtyp noch zwei weitere dominante Enneagrammpunkte* **aus den jeweils anderen Zentren** *(Kopf/Herz/Bauch)* des Enneagramms *besitzt bzw. lebt.* So hat z.B. ein *Typ 1,* dessen Punkt ja aus dem *Bauchzentrum* stammt, *zwei weitere Schwerpunkte* im Rahmen seiner individuellen Persönlichkeit jeweils im *Gefühlszentrum* sowie im *Kopfzentrum.* Danach gibt es also genau wie in der Untertypenlehre *27 verschiedene Möglichkeiten/Variationen.* Je nach *Kombination* haben diese bestimmte charakteristische Bezeichnungen erhalten, z.B. **1–4–7 = Der Visionär** (Beispiel: Steve Jobs). Jeder Mensch hat danach *einen dominanten Anteil* in Bezug auf das *Denken,* das *Fühlen* und das *Handeln,* manifestiert in den Zentren *Kopf, Herz* und *Bauch* des Enneagramms, obwohl ein Zentrum immer dominant ist und es eine sog. **Dominanzhierarchie** gibt *zwischen dem ersten* (= eigentlichen Enneagrammtyp) und **den beiden anderen nachrangigen** *(rezessiven) Zentren.* Um den *Trityp* festzulegen, muss man sich *folgende 3 Fragen stellen:*

2.6.1 *Welches der drei Zentren* (Denken, Fühlen, Handeln) **ist dominant (**vorherrschend)?

2.6.2 *Wie drückt sich das Sein des Menschen jeweils innerhalb der drei Zentren aus?*

Kopfzentrum: Drückt sich das **Denken** *(= die mentalen Vorgänge) des Menschen eher* **extrovertiert** *(= nach außen) (entspricht Typ 7), eher* **introvertiert** *(= nach innen) (entspricht Typ 5) oder eher* **neutral** *(entspricht Typ 6) aus?*

*Herzzentrum: Drückt sich das **Fühlen** (= die emotionalen Vorgänge) des Menschen eher **extrovertiert** (= nach außen) (entspricht Typ 2), eher **introvertiert** (= nach innen) (entspricht Typ 4) oder eher **neutral** (entspricht Typ 3) aus?*

*Bauchzentrum: Drückt sich das **Handeln** (= die instinktiven Vorgänge) des Menschen eher **extrovertiert** (= überschießend = nach außen) (entspricht Typ 8), eher **introvertiert** (= umfunktioniert = nach innen) (entspricht Typ 1) oder eher **neutral, schwach** (= blockiert, verdrängt) (entspricht Typ 9) aus?*

2.6.3 Welche Dominanzhierarchie *(Reihenfolge in der Dominanz)* **herrscht im Einzelfall vor?**

Z.B. **1-2-6** = *Der Unterstützer = Enneatyp 1* als Bauchtyp *mit Anteilen von Typ 2 = Herztyp und Typ 6 = Kopftyp:* Die *Bauchenergie* ist bei diesem **Trityp des Unterstützers** also *umfunktioniert (= umgewandelt)*, die *Herzenergie* ist *überentwickelt (= verstärkt)* und die *Kopfenergie* ist *blockiert (= verdrängt)*.

*Nachfolgend werden die **27 Tritypen** kurz skizziert, umfangreichere Ausführungen dazu findet man in meinem Enneagramm-Lexikon:*

2.6.3.1 Tritype (Trityp): The Mentor *(der Mentor, der Ratgeber)* (1-2-5, 2-5-1, 5-1-2)

*Kurzbeschreibung: Präzise, distanziert, kritisch, fleißig, sorgfältig **wie Typ 1** / liebevoll, umsorgend, verbindend, behütend, (rat-)gebend **wie Typ 2** / nachdenklich, intellektuell, wissbegierig, klug, fundiert **wie Typ 5.*** Die *Bauchenergie* ist bei diesem **Trityp des Ratgebers** also *umfunktioniert (= umgewandelt)*, die *Herzenergie* ist *überentwickelt (= verstärkt)* und die *Kopfenergie* ist *überentwickelt (= verstärkt)*.

2.6.3.2 Tritype (Trityp): The Supporter *(der Unterstützer)* (1-2-6, 2-6-1, 6-1-2)

*Kurzbeschreibung: Präzise, distanziert, kritisch, fleißig, sorgfältig **wie Typ 1** / liebevoll, umsorgend, verbindend, behütend, (rat-)gebend **wie Typ 2** / ängstlich, vorsichtig, skeptisch, freundlich, unterstützend **wie Typ 6.*** Die *Bauchenergie* ist bei diesem **Trityp des Unterstützers** also *umfunktioniert (= umgewandelt)*, die *Herzenergie* ist *überentwickelt (= verstärkt)* und die *Kopfenergie* ist *blockiert (= verdrängt)*.

2.6.3.3 Tritype (Trityp): The Teacher *(der Lehrer)* (1-2-7, 2-7-1, 7-1-2)

*Kurzbeschreibung: Präzise, distanziert, kritisch, fleißig, sorgfältig **wie Typ 1** / liebevoll, umsorgend, verbindend, behütend, (rat-)gebend **wie Typ 2** / lebendig, fröhlich, optimistisch, idealistisch, positiv **wie Typ 7.*** Die *Bauchenergie* ist bei diesem **Trityp des Lehrers** also *umfunktioniert (= umgewandelt)*, die *Herzenergie* ist *überentwickelt (= verstärkt)* und die *Kopfenergie* ist *umfunktioniert (= umgewandelt)*.

2.6.3.4 Tritype (Trityp): The Technical Expert *(der technische Experte)* (1-3-5, 3-5-1, 5-1-3)

*Kurzbeschreibung: Präzise, distanziert, kritisch, fleißig, sorgfältig **wie Typ 1** / fokussiert, siegessicher, erfolgreich, imageorientiert, dynamisch **wie Typ 3** / nachdenklich, intellektuell, wissbegierig, klug,*

*fundiert **wie Typ 5.** Die Bauchenergie ist bei diesem **Trityp des technischen Experten** also um-funktioniert (= umgewandelt), die Herzenergie ist blockiert (= verdrängt) und die Kopfenergie ist über-entwickelt (= verstärkt).*

2.6.3.5 Tritype (Trityp): The Taskmaster *(der Arbeitgeber)* (1-3-6, 3-6-1, 6-1-3)

*Kurzbeschreibung: Präzise, distanziert, kritisch, fleißig, sorgfältig **wie Typ 1** / fokussiert, siegessicher, er-folgreich, imageorientiert, dynamisch **wie Typ 3** / ängstlich, vorsichtig, skeptisch, freundlich, unterstüt-zend **wie Typ 6.** Die Bauchenergie ist bei diesem **Trityp des Arbeitgebers** also umfunktioniert (= umgewandelt), die Herzenergie ist blockiert (= verdrängt) und die Kopfenergie ist blockiert (= ver-drängt).*

2.6.3.6 Tritype (Trityp): The Systems Builder *(der Anlagenbauer)* (1-3-7, 3-7-1, 7-1-3)

*Kurzbeschreibung: Präzise, distanziert, kritisch, fleißig, sorgfältig **wie Typ 1** / fokussiert, siegessicher, erfolgreich, imageorientiert, dynamisch **wie Typ 3** / lebendig, fröhlich, optimistisch, idealistisch, posi-tiv **wie Typ 7.** Die Bauchenergie ist bei diesem **Trityp des Anlagenbauers** also umfunktioniert (= umgewandelt), die Herzenergie ist blockiert (= verdrängt) und die Kopfenergie ist umfunktioniert (= umgewandelt).*

2.6.3.7 Tritype (Trityp): The Researcher *(der Forscher)* (1-4-5, 4-5-1, 5-1-4)

*Kurzbeschreibung: Präzise, distanziert, kritisch, fleißig, sorgfältig **wie Typ 1** / selbstorientiert, indivi-dualistisch, authentisch, melancholisch, verloren **wie Typ 4** / nachdenklich, intellektuell, wissbegierig, klug, fundiert **wie Typ 5.** Die Bauchenergie ist bei diesem **Trityp des Forschers** also umfunktioniert (= umgewandelt), die Herzenergie ist umfunktioniert (= umgewandelt) und die Kopfenergie ist überent-wickelt (= verstärkt).*

2.6.3.8 Tritype (Trityp): The Philosopher *(der Philosoph)* (1-4-6, 4-1-6, 6-1-4)

*Kurzbeschreibung: Präzise, distanziert, kritisch, fleißig, sorgfältig **wie Typ 1** / selbstorientiert, indivi-dualistisch, authentisch, melancholisch, verloren **wie Typ 4** / ängstlich, vorsichtig, skeptisch, freundlich, unterstützend **wie Typ 6.** Die Bauchenergie ist bei diesem **Trityp des Philosophen** also umfunk-tioniert (= umgewandelt), die Herzenergie ist umfunktioniert (= umgewandelt) und die Kopfenergie ist blockiert (= verdrängt).*

2.6.3.9 Tritype (Trityp): The Visionary *(der Visionär)* (1-4-7, 4-1-7, 7-1-4)

*Kurzbeschreibung: Präzise, distanziert, kritisch, fleißig, sorgfältig **wie Typ 1** / selbstorientiert, indivi-dualistisch, authentisch, melancholisch, verloren **wie Typ 4** / lebendig, fröhlich, optimistisch, idealis-tisch, positiv **wie Typ 7.** Die Bauchenergie ist bei diesem **Trityp des Visionärs** also umfunktio-niert (= umgewandelt), die Herzenergie ist umfunktioniert (= umgewandelt) und die Kopfenergie ist umfunktioniert (= umgewandelt).*

2.6.3.10 Tritype (Trityp): The Strategist *(der Stratege)* (2-5-8, 5-8-2, 8-2-5)

*Kurzbeschreibung: Liebevoll, umsorgend, verbindend, behütend, (rat-)gebend **wie Typ 2** / nachdenklich, intellektuell, wissbegierig, klug, fundiert **wie Typ 5** / dominant, kontrollierend, einschüchternd, selbstständig, mächtig **wie Typ 8**. Die Herzenergie ist bei diesem **Trityp des Strategen** also überentwickelt (= verstärkt), die Kopfenergie ist überentwickelt (= verstärkt) und die Bauchenergie ist überentwickelt (= verstärkt).*

2.6.3.11 Tritype (Trityp): The Problem Solver *(der Problemlöser)* (2-5-9, 5-9-2, 9-2-5)

*Kurzbeschreibung: Liebevoll, umsorgend, verbindend, behütend, (rat-)gebend **wie Typ 2** / nachdenklich, intellektuell, wissbegierig, klug, fundiert **wie Typ 5** / sanft, friedlich, entspannt, harmonisch, bequem **wie Typ 9**. Die Herzenergie ist bei diesem **Trityp des Problemlösers** also überentwickelt (= verstärkt), die Kopfenergie ist überentwickelt (= verstärkt) und die Bauchenergie ist blockiert (= verdrängt).*

2.6.3.12 Tritype (Trityp): The Rescuer *(der Retter)* (2-6-8, 6-8-2, 8-2-6)

*Kurzbeschreibung: Liebevoll, umsorgend, verbindend, behütend, (rat-)gebend **wie Typ 2** / ängstlich, vorsichtig, skeptisch, freundlich, unterstützend **wie Typ 6** / dominant, kontrollierend, einschüchternd, selbstständig, mächtig **wie Typ 8**. Die Herzenergie ist bei diesem **Trityp des Retters** also überentwickelt (= verstärkt), die Kopfenergie ist blockiert (= verdrängt) und die Bauchenergie ist überentwickelt (= verstärkt).*

2.6.3.13 Tritype (Trityp): The Good Samaritan *(der gute (barmherzige) Samariter)* (2-6-9, 6-9-2, 9-2-6)

*Kurzbeschreibung: Liebevoll, umsorgend, verbindend, behütend, (rat-)gebend **wie Typ 2** / ängstlich, vorsichtig, skeptisch, freundlich, unterstützend **wie Typ 6** / sanft, friedlich, entspannt, harmonisch, bequem **wie Typ 9**. Die Herzenergie ist bei diesem **Trityp des guten Samariters** also überentwickelt (= verstärkt), die Kopfenergie ist blockiert (= verdrängt) und die Bauchenergie ist blockiert (= verdrängt).*

2.6.3.14 Tritype (Trityp): The Free Spirit *(der Freigeist)* (2-7-8, 7-8-2, 8-2-7)

*Kurzbeschreibung: Liebevoll, umsorgend, verbindend, behütend, (rat-)gebend **wie Typ 2** / lebendig, fröhlich, optimistisch, idealistisch, positiv **wie Typ 7** / dominant, kontrollierend, einschüchternd, selbstständig, mächtig **wie Typ 8**. Die Herzenergie ist bei diesem **Trityp des Freigeistes** also überentwickelt (= verstärkt), die Kopfenergie ist umfunktioniert (= umgewandelt) und die Bauchenergie ist überentwickelt (= verstärkt).*

2.6.3.15 Tritype (Trityp): The Peacemaker *(der Friedensstifter)* (2-7-9, 7-9-2, 9-2-7)

*Kurzbeschreibung: Liebevoll, umsorgend, verbindend, behütend, (rat-)gebend **wie Typ 2** / lebendig, fröhlich, optimistisch, idealistisch, positiv **wie Typ 7** / sanft, friedlich, entspannt, harmonisch, bequem **wie***

Typ 9. Die *Herzenergie* ist bei diesem **Trityp des Friedensstifters** also *überentwickelt (= verstärkt)*, die *Kopfenergie* ist *umfunktioniert (= umgewandelt)* und die *Bauchenergie* ist *blockiert (= verdrängt)*.

2.6.3.16 Tritype (Trityp): The Solution Master *(der Lösungsmeister/Allrounder)* (3-5-8, 5-8-3, 8-3-5)

Kurzbeschreibung: Fokussiert, siegessicher, erfolgreich, imageorientiert, dynamisch **wie Typ 3** / nachdenklich, intellektuell, wissbegierig, klug, fundiert **wie Typ 5** / dominant, kontrollierend, einschüchternd, selbstständig, mächtig **wie Typ 8.** Die *Herzenergie* ist bei diesem **Trityp des Lösungsmeisters/Allrounders** also *blockiert (= verdrängt)*, die *Kopfenergie* ist *überentwickelt (= verstärkt)* und die *Bauchenergie* ist *überentwickelt (= verstärkt)*.

2.6.3.17 Tritype (Trityp): The Thinker *(der Denker)* (3-5-9, 5-9-3, 9-3-5)

Kurzbeschreibung: Fokussiert, siegessicher, erfolgreich, imageorientiert, dynamisch **wie Typ 3** / nachdenklich, intellektuell, wissbegierig, klug, fundiert **wie Typ 5** / sanft, friedlich, entspannt, harmonisch, bequem **wie Typ 9.** Die *Herzenergie* ist bei diesem **Trityp des Denkers** also *blockiert (= verdrängt)*, die *Kopfenergie* ist *überentwickelt (= verstärkt)* und die *Bauchenergie* ist *blockiert (= verdrängt)*.

2.6.3.18 Tritype (Trityp): The Justice Fighter *(der Gerechtigkeitskämpfer)* (3-6-8, 6-8-3, 8-3-6)

Kurzbeschreibung: Fokussiert, siegessicher, erfolgreich, imageorientiert, dynamisch **wie Typ 3** / ängstlich, vorsichtig, skeptisch, freundlich, unterstützend **wie Typ 6** / dominant, kontrollierend, einschüchternd, selbstständig, mächtig **wie Typ 8.** Die *Herzenergie* ist bei diesem **Trityp des Gerechtigkeitskämpfers** also *blockiert (= verdrängt)*, die *Kopfenergie* ist *blockiert (= verdrängt)* und die *Bauchenergie* ist *überentwickelt (= verstärkt)*.

2.6.3.19 Tritype (Trityp): The Mediator *(der Vermittler)* (3-6-9, 6-3-9, 9-3-6)

Kurzbeschreibung: Fokussiert, siegessicher, erfolgreich, imageorientiert, dynamisch **wie Typ 3** / ängstlich, vorsichtig, skeptisch, freundlich, unterstützend **wie Typ 6** / sanft, friedlich, entspannt, harmonisch, bequem **wie Typ 9.** Die *Herzenergie* ist bei diesem **Trityp des Vermittlers** also *blockiert (= verdrängt)*, die *Kopfenergie* ist *blockiert (= verdrängt)* und die *Bauchenergie* ist *blockiert (= verdrängt)*.

2.6.3.20 Tritype (Trityp): The Mover & Shaker *(der Macher)* (3-7-8, 7-3-8, 8-3-7)

Kurzbeschreibung: Fokussiert, siegessicher, erfolgreich, imageorientiert, dynamisch **wie Typ 3** / lebendig, fröhlich, optimistisch, idealistisch, positiv **wie Typ 7** / dominant, kontrollierend, einschüchternd, selbstständig, mächtig **wie Typ 8.** Die *Herzenergie* ist bei diesem **Trityp des Machers** also *blockiert (=*

verdrängt), die *Kopfenergie* ist *umfunktioniert (= umgewandelt)* und die *Bauchenergie* ist *überent-wickelt (= verstärkt)*.

2.6.3.21 Tritype (Trityp): The Ambassador *(der Botschafter)* (3-7-9, 7-3-9, 9-3-7)

*Kurzbeschreibung: Fokussiert, siegessicher, erfolgreich, imageorientiert, dynamisch **wie Typ 3** / leben-dig, fröhlich, optimistisch, idealistisch, positiv **wie Typ 7** / sanft, friedlich, entspannt, harmonisch, bequem **wie Typ 9.*** Die *Herzenergie* ist bei diesem **Trityp des Botschafters** also *blockiert (= verdrängt)*, die *Kopfenergie* ist *umfunktioniert (= umgewandelt)* und die *Bauchenergie* ist *blockiert (= verdrängt)*.

2.6.3.22 Tritype (Trityp): The Scholar *(der Gelehrte)* (4-5-8, 5-4-8, 8-4-5)

*Kurzbeschreibung: Selbstorientiert, individualistisch, authentisch, melancholisch, verloren **wie Typ 4** / nachdenklich, intellektuell, wissbegierig, klug, fundiert **wie Typ 5** / dominant, kontrollierend, einschüch-ternd, selbstständig, mächtig **wie Typ 8.*** Die *Herzenergie* ist bei diesem **Trityp des Gelehrten** also *umfunktioniert (= umgewandelt)*, die *Kopfenergie* ist *überentwickelt (= verstärkt)* und die *Bauchenergie* ist *überentwickelt (= verstärkt)*.

2.6.3.23 Tritype (Trityp): The Contemplative *(der Kontemplative, der Beschauliche, der Andächtige)* (4-5-9, 5-4-9, 9-4-5)

*Kurzbeschreibung: Selbstorientiert, individualistisch, authentisch, melancholisch, verloren **wie Typ 4** / nachdenklich, intellektuell, wissbegierig, klug, fundiert **wie Typ 5** / sanft, friedlich, entspannt, harmonisch, bequem **wie Typ 9.*** Die *Herzenergie* ist bei diesem **Trityp des Kontemplativen** also *umfunktio-niert (= umgewandelt)*, die *Kopfenergie* ist *überentwickelt (= verstärkt)* und die *Bauchenergie* ist *blockiert (= verdrängt)*.

2.6.3.24 Tritype (Trityp): The Truth Teller *(der Wahrheitsliebende)* (4-6-8, 6-4-8, 8-4-6)

*Kurzbeschreibung: Selbstorientiert, individualistisch, authentisch, melancholisch, verloren **wie Typ 4** / ängstlich, vorsichtig, skeptisch, freundlich, unterstützend **wie Typ 6** / dominant, kontrollierend, einschüch-ternd, selbstständig, mächtig **wie Typ 8.*** Die *Herzenergie* ist bei diesem **Trityp des Wahrheitslie-benden** also *umfunktioniert (= umgewandelt)*, die *Kopfenergie* ist *blockiert (= verdrängt)* und die *Bauchenergie* ist *überentwickelt (= verstärkt)*.

2.6.3.25 Tritype (Trityp): The Seeker *(der Suchende)* (4-6-9, 6-4-9, 9-4-6)

*Kurzbeschreibung: Selbstorientiert, individualistisch, authentisch, melancholisch, verloren **wie Typ 4** / ängstlich, vorsichtig, skeptisch, freundlich, unterstützend **wie Typ 6** / sanft, friedlich, entspannt, harmo-nisch, bequem **wie Typ 9.*** Die *Herzenergie* ist bei diesem **Trityp des Suchenden** also *umfunktio-niert (= umgewandelt)*, die *Kopfenergie* ist *blockiert (= verdrängt)* und die *Bauchenergie* ist *blockiert (= verdrängt)*.

2.6.3.26 Tritype (Trityp): The Messenger *(der Bote)* (4-7-8, 7-4-8, 8-4-7)

Kurzbeschreibung: Selbstorientiert, individualistisch, authentisch, melancholisch, verloren **wie Typ 4** / lebendig, fröhlich, optimistisch, idealistisch, positiv **wie Typ 7** / dominant, kontrollierend, einschüchternd, selbstständig, mächtig **wie Typ 8**. Die *Herzenergie* ist bei diesem **Trityp des Boten** also *umfunktioniert (= umgewandelt)*, die *Kopfenergie* ist *umfunktioniert (= umgewandelt)* und die *Bauchenergie* ist *überentwickelt (= verstärkt)*.

2.6.3.27 Tritype (Trityp): The Gentle Spirit *(der sanftmütige Geist)* (4-7-9, 7-4-9, 9-4-7)

Kurzbeschreibung: Selbstorientiert, individualistisch, authentisch, melancholisch, verloren **wie Typ 4** / lebendig, fröhlich, optimistisch, idealistisch, positiv **wie Typ 7** / sanft, friedlich, entspannt, harmonisch, bequem **wie Typ 9**. Die *Herzenergie* ist bei diesem **Trityp des sanftmütigen Geistes** also *umfunktioniert (= umgewandelt)*, die *Kopfenergie* ist *umfunktioniert (= umgewandelt)* und die *Bauchenergie* ist *blockiert (= verdrängt)*.

2.6.4 Vorteile der Tritypenlehre und hilfreiche Fragen zur Tritypenbestimmung

Die **Tritypenlehre** kann bei der *Bestimmung des Enneagrammtyps wertvolle Erkenntnishilfe* leisten, vor allem wenn man sie mit der **Instinktlehre der sog. Untertypen** *(selbsterhaltend, sozial, sexuell-aggressiv)* kombiniert. Mit ihrer Hilfe lassen sich darüber hinaus die oft *beträchtlichen Unterschiede (im Verhaltensmuster) zwischen Menschen desselben Typs mit derselben enneagrammatischen Grundmotivation sehr gut erklären und nachvollziehen*. Die **27 Tritypen** sind *Archetypen der Menschheit* und stellen auf sehr präzise Weise alle *zentralen archetypischen Grundmuster* von Menschen *umfassend dar*. Bei der *konkreten Bestimmung* eines **Trityps** haben sich *folgende vier Fragen* als hilfreich erwiesen:

2.6.4.1 *Frage 1:* *Wenn der zu bestimmende Mensch ein Kopftyp (5, 6, 7) ist, welcher wäre er am ehesten?*

2.6.4.2 *Frage 2:* *Wenn der zu bestimmende Mensch ein Herztyp (2, 3, 4) ist, welcher wäre er am ehesten?*

2.6.4.3 *Frage 3:* *Wenn der zu bestimmende Mensch ein Bauchtyp (1, 8, 9) ist, welcher wäre er am ehesten?*

2.6.4.4 *Frage 4:* *Welche Triaden-Grundenergie ist insgesamt am meisten vorherrschend, dominant?*

3. Kombination der unterschiedlichen Vorgehensweisen bei der Typbestimmung

Oft führt erst eine *wiederholte Kombination* dieser grundlegenden *sechs Vorgehensweisen* zur *korrekten Typbestimmung,* daher sollte man den *Enneatyp anderer* und *seinen eigenen* nicht vorschnell bestimmen, sondern sich genügend *Zeit, Ruhe und Geduld* dazu nehmen, denn nichts kann auf Dauer belastender sein als eine Fehldiagnose!

4. Schwierigkeiten bei der Typbestimmung

Manchmal gestaltet sich die Bestimmung des Enneatyps als relativ einfach, manchmal allerdings kann die Typbestimmung nach dem Enneagramm sich als äußerst schwierig und langwierig erweisen. Dafür gibt es *zahlreiche Gründe,* die neun folgenden sind grundlegend:

4.1 Der sogenannte „blinder Fleck"

*Bei der Selbstbestimmung kann man seine wahre innere Leidenschaft, die den Motor für das eigene Handeln darstellt, aufgrund des **sog. „blinden Flecks"** für eigene psychologische Anteile der Seele nicht erkennen, man kann also biblisch gesprochen den Splitter im Auge des Nächsten durchaus gut erkennen, aber den Balken im eigenen Auge eben nicht.*

4.2 Bewusstheit erschwert das Erkennen der Charakterfixierung

Einige schwierig zu bestimmende Menschen haben im Laufe ihres Lebens durch die verschiedensten Bewusstseinsprozesse ein gewisses Gleichgewicht in ihren egoistischen Strukuren erreicht, was zur Folge hat, dass bewusste Menschen ihre Leidenschaften eben nicht so stark nach außen ausagieren. Demnach ist auch der vorherrschende innere Antrieb (als grundlegender Abwehrmechanismus) dieser Menschen oft von außen betrachtet nur schwer zu erkennen. Nur der Enneagramm-Kenner kann durch ein gewissenhaftes Studium am lebendigen Menschen die „entlarvenden" Zeichen erkennen und deuten, aber grundsätzlich sind bewusste Menschen deutlich schwieriger zu diagnostizieren als tendenziell eher unbewusste Menschen.

4.3 Unbewusstheit erschwert das Erkennen der Charakterfixierung

Manchmal leben aber auch relativ unbewusste Zeitgenossen bestimmte unterschiedliche Wesenszüge etwa gleich stark aus, vor allem, wenn sie ein sehr starkes Ego besitzen. Dann fällt es mitunter sehr schwer, aufgrund dieser vielen unterschiedlichen Facetten ihres menschlichen Ausdrucks den wirklich vorherrschenden, „roten Faden" im Gesamtzusammenhang zu erkennen.

4.4 Verbergen von Charakterschwächen

Menschen neigen allgemein (meistens unbewusst, manchmal auch bewusst) dazu, ihre Schwächen vor ihren Mitmenschen und vor allem auch vor sich selbst möglichst (und mehr oder weniger erfolgreich) zu verbergen. Bei der ernsthaften Typbestimmung sollte man sich aber klar machen, dass man nur auf dem Wege der Ehrlichkeit den jeweiligen Enneatyp erfolgreich bestimmen kann.

4.5 Mögliche Schwierigkeiten bei Kontratypen (Abk. „KT")

*Bei den **sog. Kontratypen**, die ihr innewohnendes Prinzip (unbewusst) ja regelmäßig verneinen, kann es sehr schwer bis unmöglich sein, dieses verdrängte eigene Prinzip wirklich erkennen zu können, weil der innerpsychische Abwehrmechanismus einfach zu stark agiert. Und doch bestimmt gerade dieser ständig verdrängte, negierte Anteil dieses Prinzips (seiner Leidenschaft) aus den Tiefen des Unterbewusstseins heraus sein Verhalten in der Welt, aber für den jeweiligen Kontratypen eben aufgrund der bewussten und unbewussten Ablehnung seiner Leidenschaft kaum oder nur äußerst schwer erkennbar.*

4.6 Mögliche Schwierigkeiten bei Normaltypen (Abk. „NT")

*Auch bei den **sog. Normaltypen**, die ihr Prinzip ja in einfacher, normaler Form leben, kann es in einzelnen Fällen schwierig sein, das dominierende Lebensthema, den wahren motivationalen Antrieb, erkennen zu können.*

4.7 Verstärkungstypen (Abk. „VT") tendenziell am einfachsten zu erkennen

*Am einfachsten gestaltet sich relativ betrachtet die Typbestimmung bei den **sog. Verstärkungstypen**, weil sich bei ihnen die entsprechenden Eigenschaften und die dahinterstehende Motivation am deutlichsten zeigen können. Aber auch hier gibt es eben manchmal Schwierigkeiten wegen der anderen zuvor und noch nachfolgend aufgeführten Gründe.*

4.8 Mögliche Schwierigkeiten bei der Bestimmung der Typen 3, 6 und 9

*Manchmal fällt die Typbestimmung auch besonders schwer, weil wir es mit den **Typen 3, 6** oder **9** zu tun haben. **Typ 3** imitiert häufig Eigenschaften der anderen Typen aufgrund seines für ihn typischen chamäleonartigen Verhaltens. Die Variationsbreite von **Typ 6** im Umgang mit seiner Angst und Unsicherheit ist ebenfalls sehr vielfältig, deshalb ist das Erkennen dieses Enneagramm-Musters manchmal schwierig. Auch **Typ 9**, der ja in gewisser Weise alle 9 Grundthemen prismenartig in sich vereint, wird deswegen oft verwechselt mit anderen Typen des Enneagramms.*

4.9 Notwendigkeit eines inneren Gleichgewichts

Manchmal ist man aber auch einfach aufgrund von Stress, Unwohlsein, Krankheit oder sonstigen erschwerenden Faktoren nicht im notwendigen inneren Gleichgewicht, eine gewissenhafte und vor allem zuverlässige Fremd- oder Eigentypbestimmung vorzunehmen; in diesem Fall sollte man sein Vorhaben ganz entspannt auf einen späteren Zeitpunkt verschieben!

5. Übersichten (Schaubilder) für ein vertiefendes Verständnis

*Die nachfolgenden **7 Übersichten** stellen abschließend die wesentlichen Inhalte dieses Enneagramm-Typentestes noch einmal grafisch dar und sollen das Gesagte verstehbarer machen und vertiefen, weil sich das Enneagramm-Wissen mit seinen analogen Strukturen, Systematiken und Verfahren geradezu für eine visuelle Darstellung in Form solcher Übersichten anbietet. Diese Schaubilder konzentrieren sich auf das Wesentliche und fördern somit das intuitive Verstehen komplexer Sachverhalte. Auf diese Weise verankern sich die Wissensinhalte nachhaltig im Gedächtnis im Sinne einer zeitgemäßen, intuitiven und kreativen Vermittlung des Enneagramm-Wissens:*

Die 27 Untertypen *
(Normaltyp – Verstärkungstyp – Kontratyp)

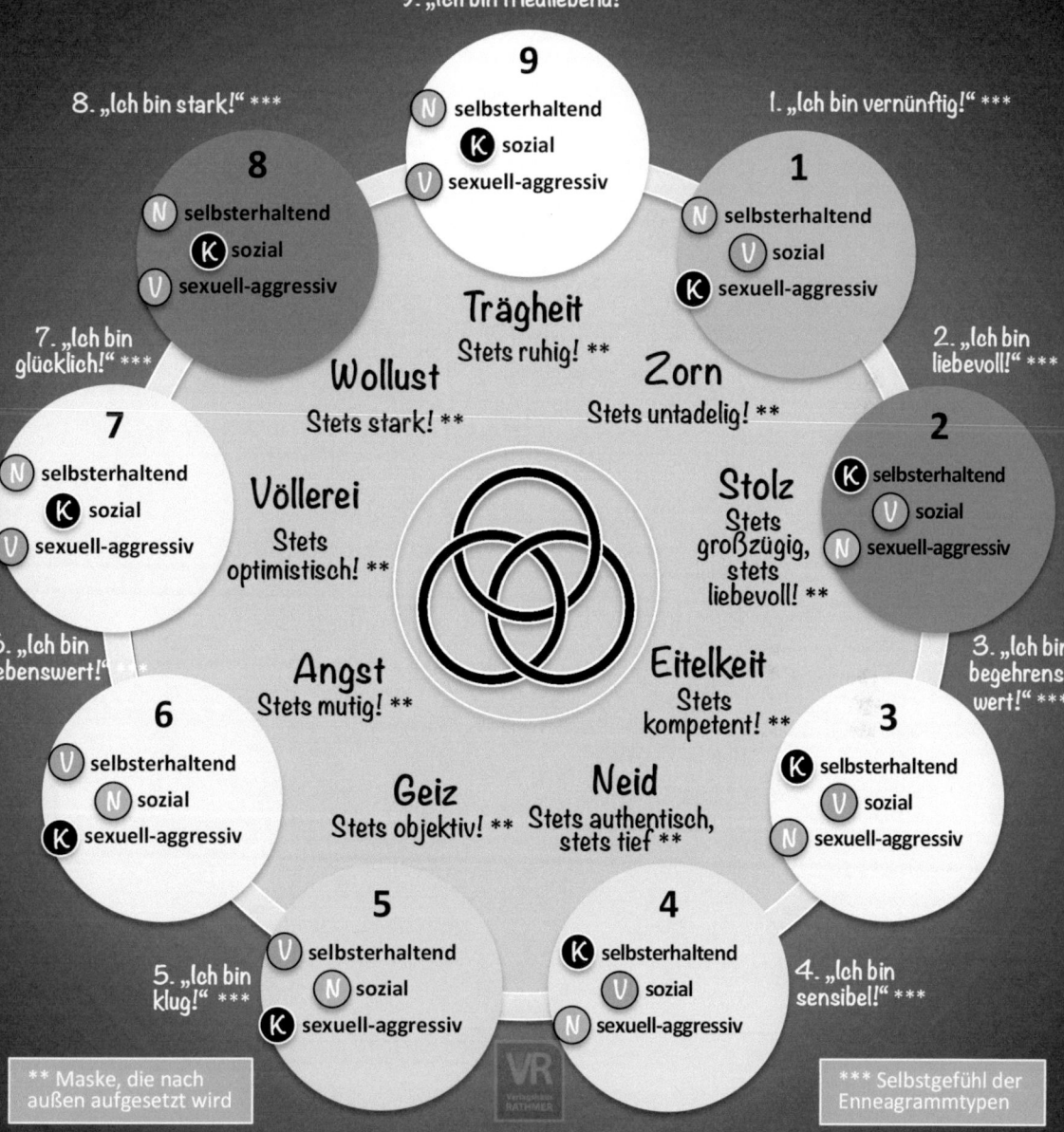

9. „Ich bin friedliebend!" ***

9
N selbsterhaltend
K sozial
V sexuell-aggressiv

8. „Ich bin stark!" ***

8
N selbsterhaltend
K sozial
V sexuell-aggressiv

1. „Ich bin vernünftig!" ***

1
N selbsterhaltend
V sozial
K sexuell-aggressiv

7. „Ich bin glücklich!" ***

7
N selbsterhaltend
K sozial
V sexuell-aggressiv

2. „Ich bin liebevoll!" ***

2
K selbsterhaltend
V sozial
N sexuell-aggressiv

6. „Ich bin liebenswert!" ***

6
V selbsterhaltend
N sozial
K sexuell-aggressiv

3. „Ich bin begehrenswert!" ***

3
K selbsterhaltend
V sozial
N sexuell-aggressiv

5. „Ich bin klug!" ***

5
V selbsterhaltend
N sozial
K sexuell-aggressiv

4. „Ich bin sensibel!" ***

4
K selbsterhaltend
V sozial
N sexuell-aggressiv

Trägheit
Stets ruhig! **

Wollust
Stets stark! **

Zorn
Stets untadelig! **

Völlerei
Stets optimistisch! **

Stolz
Stets großzügig, stets liebevoll! **

Angst
Stets mutig! **

Eitelkeit
Stets kompetent! **

Geiz
Stets objektiv! **

Neid
Stets authentisch, stets tief **

** Maske, die nach außen aufgesetzt wird

*** Selbstgefühl der Enneagrammtypen

* Bei den jeweiligen **drei Untertypen** jeder Enneagrammfixierung unterscheiden wir einen sog. **Normaltyp**, der seine typspezifische Leidenschaft auf „**normale**" Weise auslebt, einen sog. **Verstärkungstyp**, der seine entsprechende Leidenschaft auf „**verstärkte**" Weise lebt und einen sog. **Kontratyp** (Gegentyp), der seine jeweilige Leidenschaft **negiert**, also möglichst gar nicht lebt und vermeidet. Den Normaltyp und den Verstärkungstyp erkennt man für gewöhnlich am ehesten, der Kontratyp hingegen ist oft nicht so leicht zu erkennen, da er seine Leidenschaft nach außen nicht lebt, sondern (unbewusst) versteckt oder negiert.

Definitionen der Leidenschaften und Charakterfixierung *

* Pseudo-genital (überangepasst): Psycho-spirituelle Trägheit und Veranlagung zu übertriebener Anpassung

* Oral-aggressiv (sadistisch): Sadistischer Charakter und die Wollust

* Anal-fixiert (fordernd): Zorn und Perfektionismus

9
TRÄGHEIT
Das Bestreben von physikalischen Körpern, in ihrem Bewegungs-zustand zu verharren.

8
BEGIERDE
Zügelloses, leidenschaftliches, unkontrolliertes Verlangen.

1
ZORN
Starkes & hefti-ges Gefühl, das negativ gegen etwas oder jeden gerichtet ist.

Bauchtriade
(8 – 9 – 1)
Bauch – Beziehung – Zorn
Ich-Bewusstsein im physischen Körper verankert

* Oral-rezeptiv (intellektuell): Völlerei, Betrügerei und die narzisstische Persönlichkeits-störung

* Oral-rezeptiv (emotional): Stolz und histrionische Persönlichkeit

7
MAßLOSIG-KEIT
Eigenschaft, kein Maß halten zu können, maßlos zu sein.

2
STOLZ
Unangemessene Selbstzufrieden-heit, aufgeblase-nes Selbst-wertgefühl.

Kopf – Handlung – Angst
Ich-Bewusstsein im Mentalkörper verankert
Kopftriade
(7 – 6 – 5)

Herz – Gefühl – Image
Ich-Bewusstsein im Emotionalkörper verankert
Herztriade
(4 – 3 – 2)

6
ANGST
Gefühl der (existenziellen) Furcht oder Sorge, etwa bei einer Bedrohung.

3
EITELKEIT
Übertriebene Sorge um den äußeren Schein & die eigene Voll-kommenheit.

* Phallisch (intellektuell): Feigheit, paranoider Charakter und Anschuldigung

* Phallisch (emotional): Eitelkeit, Unechtheit und die „marketingorientierte" Persönlichkeit

5
GEIZ
Heftiger Unwille etwas abzugeben.

4
NEID
Negativer Gefühls-zustand in Bezug auf den Besitz & das Glück anderer, Missgunst.

VR
Verlagshaus
RATHNER

* Anal-fixiert (zurückhaltend): Habsucht und pathologische Absonderung

* Oral-aggressiv (masochistisch): Neid und der depressiv-masochistische Charakter

Die 9 Ego-Fixierungen und deren Fallen nach Oscar Ichazo und seiner Prototypenlehre

Der grundlegende Irrtum des trägen Typs 9 besteht darin, Liebe außerhalb seiner selbst zu suchen und dabei die eigene Essenz zu vergessen, diese Suche ist die Falle, in der er steckt.

Grundfixierung: Zorn! Bauch (sexuell, feindselig)
Bauchtriade
„Instinktives Gehirn"

Typ 8 wird in seinem rachsüchtigen Geist destruktiv, sobald er Unrecht wittert, verantwortlich dafür ist ein illusionärer Gerechtigkeitswahn.

Typ 1 Ist in der Illusion der Perfektion (= Falle) gefangen, in einem grollenden Ressentiment, womit er auf die eigene Unvollkommenheit und die anderer reagiert.

Typ 7 meint, das Leben lasse sich durch Planung als andauernder Rauschzustand organisieren, die Sackgasse, in der er festsitzt, heißt Idealismus.

Typ 2 glaubt durch Schmeichelei die Gunst seiner Audienz zu gewinnen, seine mentale Falle ist die einer illusionären Idee von Freiheit.

Kopftriade
„Intellektuelles Gehirn"
Grundfixierung: Angst & Zweifel! Kopf (selbst-erhaltend, zurückgezogen)

Herztriade
„Emotionales Gehirn"
Grundfixierung: Hysterie & Bedürftigkeit! Herz (sozial, zugewandt)

Typ 6 glaubt an eine idealisierte Sicherheit, um die zu erreichen, schließt er sich in seiner Feigheit einer starken Autorität (Personen oder auch Ideologien) an, die ihn beschützen soll.

Ein eitler Geist treibt den verlogenen Typ 3 dazu, Auszeichnungen, wichtige Positionen und Macht über andere anzustreben, er verwechselt wahres Sein mit Effizienz (= Falle).

Der Geiz sorgt dafür, dass sich Typ 5 auf einen anonymen Beobachterposten zurückzieht, der ihm zugleich zur Falle wird.

Zwanghafter Neid führt bei Typ 4 dazu, nie mit dem Gegenwärtigen zufrieden zu sein, sondern stets einer glücklichen Zukunft nachzujagen, befindet sich in der Sackgasse eines trügerischen Ideals von Authentizität.

VR
verlag&medien
RATHMER

Die 9 Kontratypen *

Anmerkung: Typisch für die **Kontratypen** ist, dass sie stark zwischen ihrem jeweiligen Stress- und Entspannungspunkt schwanken, da sie ihr eigenes ihnen innewohnende Prinzip ja **ablehnen/negieren** und sich daher selten genau in ihrem wahren Enneagrammpunkt zentrieren.

Kontratypen sind die

sexuellen Untertypen **1, 5, 6**

selbsterhaltenden Untertypen **2, 3, 4**

sozialen Untertypen **7, 8, 9**

9
Sozialer Untertyp kämpft gegen Trägheit/ Bequemlichkeit/ Faulheit an

8
Sozialer Untertyp kämpft gegen Schamlosigkeit/ Wollust/ Unkeuschheit an

1
Sexueller Untertyp kämpft gegen Wut/ Ärger/Zorn an

Die 9 wirkt dann eher wie Typ 2 oder Typ 3

Die weibliche 8 wirkt dann eher wie Typ 2, die männliche 8 eher wie Typ 9

Die 1 wirkt dann eher wie Typ 8

7
Sozialer Untertyp kämpft gegen Völlerei/ Unersättlichkeit/ Unmäßigkeit/ an

Die 7 wirkt dann eher wie Typ 1 oder Typ 2 oder auch wie Typ 5

Die 2 wirkt dann eher wie Typ 6 oder Typ 4

2
Selbsterhaltender Untertyp kämpft gegen Stolz/ Einbildung/ Selbstgefälligkeit an

Kontratyp

Die 6 wirkt dann eher wie Typ 8 oder Typ 3

Die 3 wirkt dann eher wie Typ 1 oder Typ 6 oder auch Typ 9

6
Sexueller Untertyp kämpft gegen Angst/ Furcht/Zweifel an (= kontraphobischer Typ)

Die 5 wirkt dann eher wie Typ 4

Die 4 wirkt dann eher wie Typ 3 oder Typ 1 oder auch wie Typ 7

3
Selbsterhaltender Untertyp kämpft gegen Täuschung/ Lüge/Eitelkeit an

5
Sexueller Untertyp kämpft gegen Habsucht/ Habgier/Distanz an

4
Selbsterhaltender Untertyp kämpft gegen Neid/ Melancholie/ Trauer an

Ferner neigen alle Kontratypen dazu, sowohl die positiven als auch die negativen Eigenschaften ihres jeweiligen Entspannungspunktes besonders auszuleben.

* Es gibt innerhalb jeder der 9 Typenstrukturen des Enneagramms einen Untertypen, der seiner spezifischen Leidenschaft (Fehlhaltung) nicht nachgeht, sondern sie versucht zu bekämpfen, oft unbewusst. Dieser **sog. Kontra- oder Gegentyp** neigt dazu, die **Grundenergien innerhalb der Triaden** in Verbindung mit den **spezifischen Leidenschaften** *nicht wahrzunehmen, zu negieren oder auszublenden*. Bedingt durch diese beiden Faktoren kommt es unweigerlich zu einer *verzerrten, verstärkten und mitunter unkontrollierbaren Reaktion*, die eine klare Typisierung in der Praxis häufig deutlich erschwert. Die einzelnen Kontratypen gehen zudem immer sehr stark in ihre jeweiligen **Stress- oder Entspannungspunkte** und werden daher damit häufig zusätzlich verwechselt.

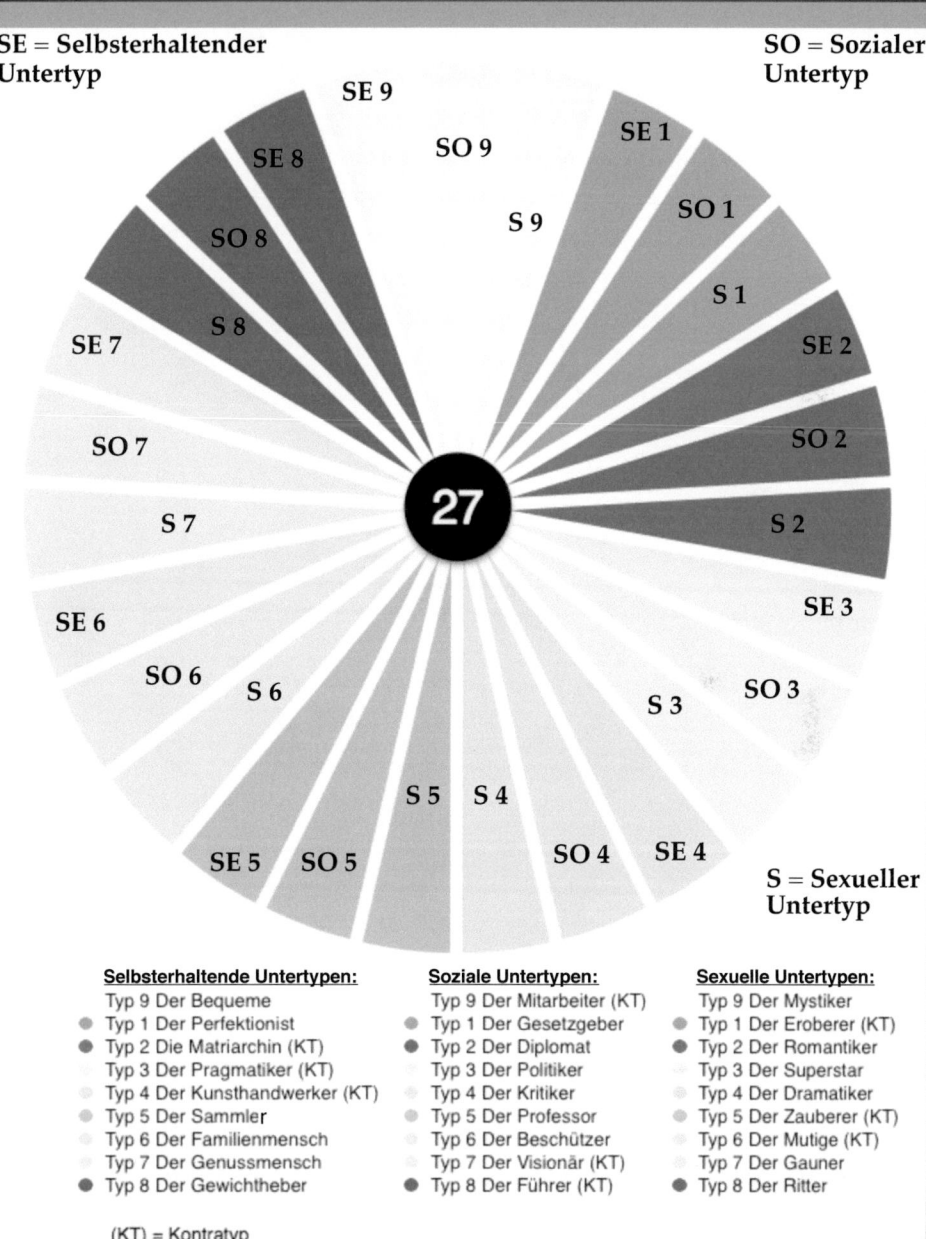

SE = Selbsterhaltender Untertyp

SO = Sozialer Untertyp

S = Sexueller Untertyp

Selbsterhaltende Untertypen:
- Typ 9 Der Bequeme
- Typ 1 Der Perfektionist
- Typ 2 Die Matriarchin (KT)
- Typ 3 Der Pragmatiker (KT)
- Typ 4 Der Kunsthandwerker (KT)
- Typ 5 Der Sammler
- Typ 6 Der Familienmensch
- Typ 7 Der Genussmensch
- Typ 8 Der Gewichtheber

Soziale Untertypen:
- Typ 9 Der Mitarbeiter (KT)
- Typ 1 Der Gesetzgeber
- Typ 2 Der Diplomat
- Typ 3 Der Politiker
- Typ 4 Der Kritiker
- Typ 5 Der Professor
- Typ 6 Der Beschützer
- Typ 7 Der Visionär (KT)
- Typ 8 Der Führer (KT)

Sexuelle Untertypen:
- Typ 9 Der Mystiker
- Typ 1 Der Eroberer (KT)
- Typ 2 Der Romantiker
- Typ 3 Der Superstar
- Typ 4 Der Dramatiker
- Typ 5 Der Zauberer (KT)
- Typ 6 Der Mutige (KT)
- Typ 7 Der Gauner
- Typ 8 Der Ritter

(KT) = Kontratyp

Die Hauptabhängigkeiten (Abwehrmechanismen, Leidenschaften) * der 27 Untertypen

Animalische Grundtriebe (Instinkte):

1. Selbsterhaltungstrieb (Überlebensmodus)
2. Sozialtrieb (Gruppenzugehörigkeit)
3. Sexualtrieb (Fortpflanzung)

SE = Selbsterhaltender Untertyp
SO = Sozialer Untertyp
S = Sexuelller Untertyp
kp = kontraphobischer 6er-Typ
KT = Kontra- oder Gegentyp

9

SE-UT: Trägheit in Bezug auf die Selbsterhaltung

SO-UT (KT): Trägheit in Bezug auf das soziale Miteinander

S-UT: Trägheit in Bezug auf Beziehungen/ Sexualität

8

SE-UT: Begierde in Bezug auf die Selbsterhaltung

SO-UT (KT): Begierde in Bezug auf das soziale Miteinander

S-UT: Begierde in Bezug auf Beziehungen/ Sexualität

1

SE-UT: Zorn in Bezug auf die Selbsterhaltung

SO-UT: Zorn in Bezug auf das soziale Miteinander

S-UT (KT): Zorn in Bezug auf Beziehungen/ Sexualität

7

SE-UT: Maßlosigkeit in Bezug auf die Selbsterhaltung

SO-UT (KT): Maßlosigkeit in Bezug auf das soziale Miteinander

S-UT: Maßlosigkeit in Bezug auf Beziehungen/ Sexualität

2

SE-UT (KT): Hochmut in Bezug auf die Selbsterhaltung

SO-UT: Hochmut in Bezug auf das soziale Miteinander

S-UT: Hochmut in Bezug auf Beziehungen/ Sexualität

Einer der **drei Grundtriebe** (Instinkte) des Menschen *(1. Selbsterhaltungsinstinkt, 2. sozialer Instinkt, 3. sexuellaggressiver Instinkt)* verbindet („koppelt") sich mit einer der ...

6

SE-UT: Angst in Bezug auf die Selbsterhaltung

SO-UT: Angst in Bezug auf das soziale Miteinander

S-UT (KT) (kp): Angst in Bezug auf Beziehungen/ Sexualität

3

SE-UT (KT): Täuschung in Bezug auf die Selbsterhaltung

SO-UT: Täuschung in Bezug auf das soziale Miteinander

S-UT: Täuschung in Bezug auf Beziehungen/ Sexualität

... **9 Hauptabhängigkeiten** *Zorn, Stolz, Eitelkeit, Neid, Geiz, Angst, Maßlosigkeit, Begierde, Trägheit*, so entstehen die **wesentlichen Charakterzüge** eines Menschen.

5

SE-UT: Geiz in Bezug auf die Selbsterhaltung

SO-UT: Geiz in Bezug auf das soziale Miteinander

S-UT (KT): Geiz in Bezug auf Beziehungen/ Sexualität

4

SE-UT (KT): Missgunst in Bezug auf die Selbsterhaltung

SO-UT: Missgunst in Bezug auf das soziale Miteinander

S-UT: Missgunst in Bezug auf Beziehungen/Sexualität

* Die dem einzelnen Enneatypen in aller Regel nicht bewussten **Hauptabhängigkeiten oder Hauptlaster des Menschen** lassen sich je nach Besonderheit der einzelnen 27 Untertypen konkret als das **unbewusste Hauptproblem** oder Hauptthema des jeweiligen Untertypen formulieren. Je unbewusster und kränker der Mensch ist, desto intensiver lebt er diese einseitige Charakterfixierung zum Nachteil seiner Umgebung und sich selbst.

Die 27 Tritypen * und ihre Qualitäten

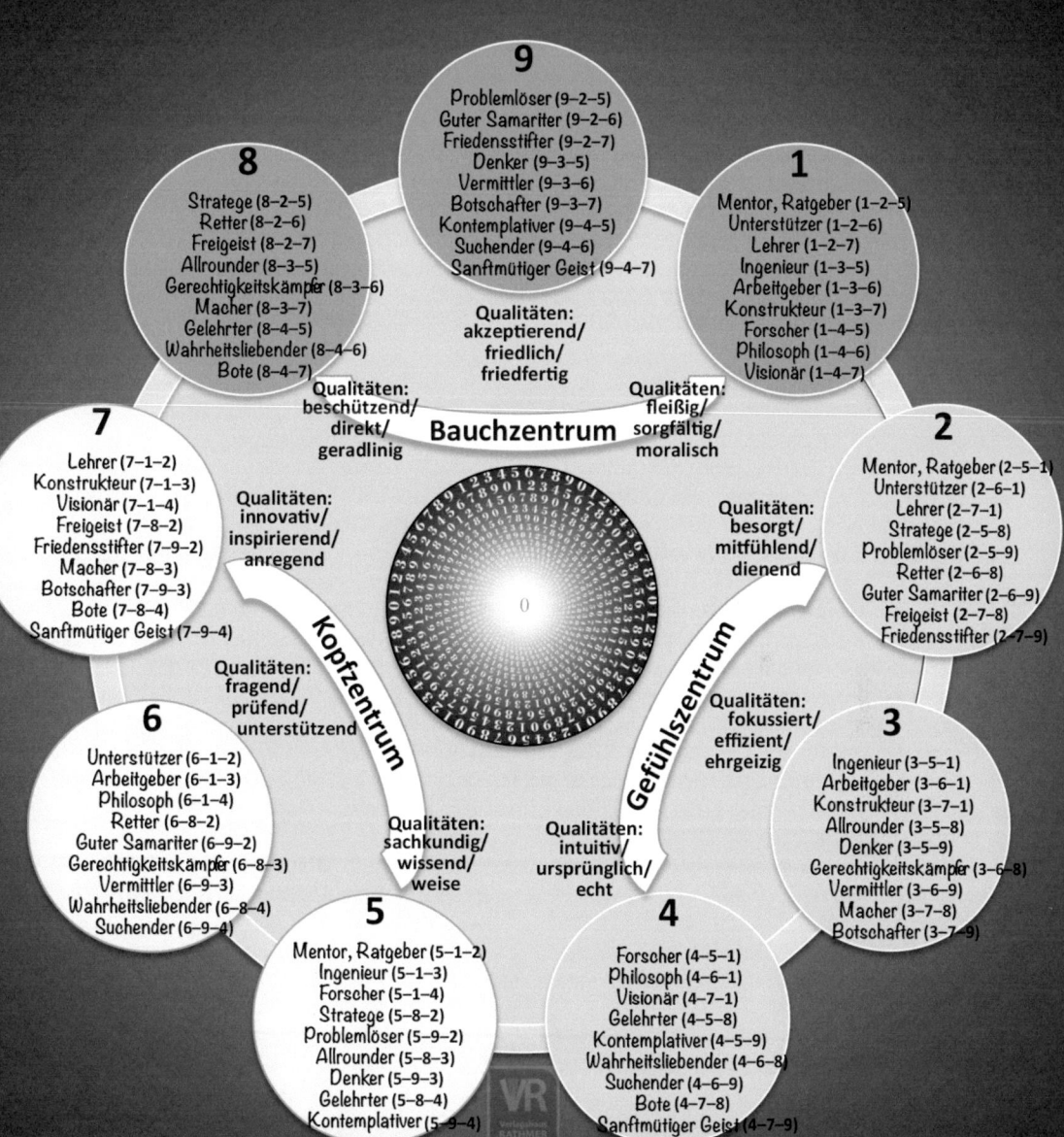

9
Problemlöser (9–2–5)
Guter Samariter (9–2–6)
Friedensstifter (9–2–7)
Denker (9–3–5)
Vermittler (9–3–6)
Botschafter (9–3–7)
Kontemplativer (9–4–5)
Suchender (9–4–6)
Sanftmütiger Geist (9–4–7)
Qualitäten:
akzeptierend/
friedlich/
friedfertig

8
Stratege (8–2–5)
Retter (8–2–6)
Freigeist (8–2–7)
Allrounder (8–3–5)
Gerechtigkeitskämpfer (8–3–6)
Macher (8–3–7)
Gelehrter (8–4–5)
Wahrheitsliebender (8–4–6)
Bote (8–4–7)
Qualitäten:
beschützend/
direkt/
geradlinig

1
Mentor, Ratgeber (1–2–5)
Unterstützer (1–2–6)
Lehrer (1–2–7)
Ingenieur (1–3–5)
Arbeitgeber (1–3–6)
Konstrukteur (1–3–7)
Forscher (1–4–5)
Philosoph (1–4–6)
Visionär (1–4–7)
Qualitäten:
fleißig/
sorgfältig/
moralisch

Bauchzentrum

7
Lehrer (7–1–2)
Konstrukteur (7–1–3)
Visionär (7–1–4)
Freigeist (7–8–2)
Friedensstifter (7–9–2)
Macher (7–8–3)
Botschafter (7–9–3)
Bote (7–8–4)
Sanftmütiger Geist (7–9–4)
Qualitäten:
innovativ/
inspirierend/
anregend

2
Mentor, Ratgeber (2–5–1)
Unterstützer (2–6–1)
Lehrer (2–7–1)
Stratege (2–5–8)
Problemlöser (2–5–9)
Retter (2–6–8)
Guter Samariter (2–6–9)
Freigeist (2–7–8)
Friedensstifter (2–7–9)
Qualitäten:
besorgt/
mitfühlend/
dienend

Kopfzentrum
Qualitäten:
fragend/
prüfend/
unterstützend

Gefühlszentrum
Qualitäten:
fokussiert/
effizient/
ehrgeizig

6
Unterstützer (6–1–2)
Arbeitgeber (6–1–3)
Philosoph (6–1–4)
Retter (6–8–2)
Guter Samariter (6–9–2)
Gerechtigkeitskämpfer (6–8–3)
Vermittler (6–9–3)
Wahrheitsliebender (6–8–4)
Suchender (6–9–4)
Qualitäten:
sachkundig/
wissend/
weise

3
Ingenieur (3–5–1)
Arbeitgeber (3–6–1)
Konstrukteur (3–7–1)
Allrounder (3–5–8)
Denker (3–5–9)
Gerechtigkeitskämpfer (3–6–8)
Vermittler (3–6–9)
Macher (3–7–8)
Botschafter (3–7–9)

5
Mentor, Ratgeber (5–1–2)
Ingenieur (5–1–3)
Forscher (5–1–4)
Stratege (5–8–2)
Problemlöser (5–9–2)
Allrounder (5–8–3)
Denker (5–9–3)
Gelehrter (5–8–4)
Kontemplativer (5–9–4)
Qualitäten:
intuitiv/
ursprünglich/
echt

4
Forscher (4–5–1)
Philosoph (4–6–1)
Visionär (4–7–1)
Gelehrter (4–5–8)
Kontemplativer (4–5–9)
Wahrheitsliebender (4–6–8)
Suchender (4–6–9)
Bote (4–7–8)
Sanftmütiger Geist (4–7–9)

* **Tritypes (Tritypen):** Die **Theorie von den Tritypen** stammt von den amerikanischen Enneagramm-Forschern *Katherine Chernick Fauvre und David Fauvre.* Die **Tritypenlehre** besagt, dass jeder Mensch *neben seinem eigentlichen Enneagrammtyp* **noch zwei weitere dominante** *Enneagrammpunkte* **aus den jeweils anderen Zentren** *(Kopf/Herz/ Bauch)* des Enneagramms *besitzt bzw. lebt.* So hat z.B. ein *Typ 1,* dessen Punkt ja aus dem *Bauchzentrum* stammt, *zwei weitere Schwerpunkte* im Rahmen seiner individuellen Persönlichkeit jeweils im *Gefühlszentrum* sowie im *Kopfzentrum.* Danach gibt es also genau wie in der Untertypenlehre **27 verschiedene Möglichkeiten/Variationen.**

Weiterführende und ergänzende Literatur des Autors

- **Wer du wirklich bist** - *Enneagramm-Wissen in farbigen Schaubildern* (Mit Enneagramm-Diagnose-Test), 300 Seiten, Taschenbuch, broschiert, Verlagshaus Rathmer, Billerbeck, März 2015
- **Rathmer`s großes Enneagramm-Lexikon von A-Z** (Ein Nachschlagewerk über die 9 Enneatypen inklusive der 27 Untertypen und der 27 Tritypen), 356 Seiten, wahlweise gebundene Ausgabe mit Lesebändchen oder broschiertes Taschenbuch, Verlagshaus Rathmer, Billerbeck, Mai 2017
- **7 Wege zu dir selbst** - *Lebenskunst für den Alltag*, 115 Seiten, Taschenbuch, broschiert, Mankau-Verlag, Murnau a. Staffelsee, November 2008
- **Sei still und wisse - Ich bin GOTT!** - *Finde die heilsame Stille in Dir*, 76 Seiten, Taschenbuch, broschiert, Verlagshaus Rathmer, Billerbeck, Juli 2009
- **Rathmer`s Repertorium** - *Das große Repertorium der Geist-/Gemütsrubriken und deren Bedeutung in der Homöopathie*, 1568 Seiten, gebunden, Ledereinband, 5 Lesebändchen, Verlagshaus Rathmer, Billerbeck, Mai 2011 (auch als EBook Edition lizenziert im pdf-Format erhältlich)
- **Das große Enneagramm-Homöopathie Repertorium von A-Z** - *Eine facettenreiche Darstellung der Enneagramm-Homöopathie in Form von Gemüts-, Symbol- und Themenrubriken*, 392 Seiten, gebunden, 1 Lesebändchen, Verlagshaus Rathmer, Billerbeck, Oktober 2014 (auch als EBook Edition lizenziert im pdf-Format erhältlich)
- **Repertorium der hervorstechenden Gemütsrubriken** - *Differenzierung der 9 Enneagramm-Heilmittel in der Homöopathie*, 256 Seiten, gebunden, 1 Lesbändchen, Verlagshaus Rathmer, Billerbeck, September 2014 (auch als EBook Edition lizenziert im pdf-Format erhältlich)
- **Die Dynamik der 9 Enneagramm-Heilmittel** - *Die dynamischen Beziehungen zwischen den einzelnen Heilmitteln der Enneagramm-Homöopathie*, 280 Seiten, gebunden, 1 Lesebändchen, Verlagshaus Rathmer, Billerbeck, Oktober 2014 (auch als EBook Edition lizenziert im pdf-Format erhältlich)
- **Lehrbuch der Enneagramm-Homöopathie** in drei Bänden: **Band 1: Arzneimittellehre Typen I - IV**, 348 Seiten, Taschenbuch, broschiert, Verlagshaus Rathmer, Billerbeck, Februar 2013 (auch als EBook Edition lizenziert im pdf-Format erhältlich) **Band 2: Arzneimittellehre Typen V - IX**, 420 Seiten, Taschenbuch, broschiert, Verlagshaus Rathmer, Billerbeck, Februar 2013 (auch als EBook Edition lizenziert im pdf-Format erhältlich), **Band 3: Enneagramm-Homöopathie Repertorium**, 376 Seiten, Taschenbuch, broschiert, Verlagshaus Rathmer, Billerbeck, Februar 2013 (auch als EBook Edition lizenziert im pdf-Format erhältlich)
- **Der Kern der Heilmittel** - *Die zentralen Geist-/Gemütsrubriken der homöopathischen Arzneimittel/ The central mind rubrics of the homoeopathic medicines*, homöopathische Arzneimittellehre, zweisprachig deutsch/englisch, 526 Seiten, gebunden, 1 Lesebändchen, Verlagshaus Rathmer, Billerbeck, Dezember 2011 (auch als EBook Edition lizenziert im pdf-Format erhältlich)
- **Homöopathische Arzneimittellehre der Single-Rubriken aus dem Geist-/Gemütsbereich** - *Das geistige Wesen der 500 wichtigsten Heilmittel in der Homöopathie*, 348 Seiten, Taschenbuch, broschiert, Verlagshaus Rathmer, Billerbeck, Juli 2009
- **Fallanalyse in der Homöopathie nach Sehgal** - *Autodidaktisches Lern- und Arbeitsbuch anhand von 36 Fällen aus der homöopathischen Praxis*, 320 Seiten, Taschenbuch, broschiert, Eva-Lang-Verlag, Worpswede, März 2008
- **Enneagramm-Homöopathie - Unterrichtsmaterial** - *20 Unterrichtseinheiten für das Selbststudium der Enneagramm-Homöopathie*, 376 Seiten, EBook Edition im pdf-Format, Verlagshaus Rathmer, 2016 (lfd. aktualisiert)
- **Das Unterrichtsskript zur Sehgal-Ausbildung** - *Unterrichtsmaterialien aus der Sehgal-Schule für das Eigenstudium der Sehgal-Methode*, 500 Seiten, EBook im pdf-Format, Verlagshaus Rathmer, 2012 (lfd. aktualisiert)
- **Gesetzeskunde für Heilpraktiker** *zur Vorbereitung auf die amtsärztliche Überprüfung beim Gesundheitsamt*, 208 Seiten, EBook Edition im pdf-Format, Verlagshaus Rathmer, August 2015.